연꽃의 입술
장이지 시집

문학동네시인선 011 장이지
연꽃의 입술

시인의 말

    필경사(筆耕士)의 두번째 하루가 이렇게 저물어갑니다. 이 시집의 시들을 쓰는 동안 일개 필경사로서 짐짓 쾌활한 척도 해보았지만 제 글씨는 아마도 심하게 흔들리고 있었으리라고 생각합니다. 우울한 것을 감추지 못했다고나 할까. 역사에, 사회에, 어떤 영성적인 것에 저 자신을 결속해놓지 않고서는 존재 자체가 흩어져버릴 것 같은 불안 속에서 살았습니다. 제법 휘청거렸지만, 다시 중심을 잡고 걸었습니다. 시집을 묶으면서 새삼 깨닫게 됩니다. 이 두번째의 하루도 역시 끝이 아니구나. 안도의 눈물이 앞을 가립니다. 이제 이 밭〔耕〕 위에서의 넋두리도 길 위의 어느 이름 없는 돌멩이 밑에 놓아두고, 새로운 종이와 만년필을 챙겨 내일을 향해 다시 떠날 시간입니다.

  2011년 가을,
    장이지

차례

시인의 말　　　　　　　　　　　　　　005

1부 Crop Circle

조상(彫像)　　　　　　　　　　　　　012
구원(久遠)·1—적막　　　　　　　　013
구원(久遠)·2—묵화(墨畵)　　　　　014
구원(久遠)·3—경계　　　　　　　　016
구원(久遠)·4—목숨　　　　　　　　018
구원(久遠)·5—원(願)　　　　　　　020
구원(久遠)·6—우주　　　　　　　　022
구원(久遠)·7—구원(救援)　　　　　024
구원(久遠)·8—공무도하(公無渡河)　026
구원(久遠)·9—선악을 넘어서　　　　028
구원(久遠)·10—시간　　　　　　　030
구원(久遠)·11—괴저의 시간　　　　032
구원(久遠)·12—세계의 바깥　　　　034
Crop Circle　　　　　　　　　　　　036

2부 마분지풍(風)

One Fine Day	038
수몰 지구—지아장커 영화 〈Still Life〉에 부쳐	040
초콜릿 파인애플 SunSet Swish	042
당신의 방	044
정글짐에 사는 아이	046
간이역	048
서정의 장소	050
어깨 너머의 삶	052
Aqua Memory	054
건들장마	056
마분지풍(風)—조건상 선생님께	058
요기(療飢)	060

3부 하늘을 보렴

미키마우스 피서(避暑)—한양호일(漢陽好日)·1	064
사이코지만 괜찮아—한양호일(漢陽好日)·2	065
안녕, 동대문구장—한양호일(漢陽好日)·3	066
세계의 온도—한양호일(漢陽好日)·4	068
납량특선—한양호일(漢陽好日)·5	070
구멍가게 앞 편의점—한양호일(漢陽好日)·6	072
다녀왔습니다—한양호일(漢陽好日)·7	074
연꽃 프로젝트	075
마술사들	076
담벼락 고양이	078
하늘을 보렴	080
비가(悲歌)	082

4부 재(灰)의 노래

용정촌 하루	084
굳세어라 금순아·1 —국제시장 1955, 눈꽃	086
굳세어라 금순아·2 —파 줄기처럼 매운 길 1960, 서울	088
굳세어라 금순아·3 —뜬 배 1983, 타령조	090
어떤 귀소(歸巢)	093
'좀뼈'의 여인들 —종군위안부의 넋이 '당신'에게	096
Line	099
용산, 영도(零度)	106
피어싱—mugan.com	108
휘발하는 얼굴	110
연(蓮)	112
시이나 링고	115

해설 | 김미정(문학평론가)   117
오늘도 우리는 '우주의 선물'을 받으며

1부
Crop Circle

조상(彫像)

　돌부처의 돌이 부서져나가고 있었습니다. 돌부처의 살이 떨어져나가고 있었습니다. 손톱으로 긁어보았더니 돌이 부서져나가고 있었습니다. 돌 밑으로 돌이 부서져나가고 있었습니다. 살이 파이고 파여 부처가 있었습니다. 부처가 아니고 돌이 있었습니다. 3D의 일광이 돌 사이에서 뿜어져나오고 하늘이 흉흉했는데, 태양을 손가락 사이에 낀 남자가. 돌 속에서. 돌 속의 돌이 돌을 깨고.

구원(久遠) · 1
— 적막

나무는 죽어서도 오랫동안 서 있는다.
죄를 품은 낙원의 나무가
선 채로 까맣게 타 죽자
뽕나무밭이 사막이 된다.
하늘을 향해 두 팔을 벌리고 죽은
나무가 태허(太虛)를 받치고 있다.
오래된 달의 거울에만
얼굴 없는 신(神)의 등이 비친다.
다리를 저는 노파가
젊은 유골 단지 하나를
고목 아래 간절하게 묻고 가자
눈이 셋 달린 나락이
모래바람을 끌고 온다.
하늘에 검을 현(玄) 자가 누워 있다.
눈먼 처녀가 나무 곁을 뜨지 못하고
천 년을 기대어 서 있는다.
비바람에 갈리고 갈려
적막 한 방울 되어
천지간 산천초목을 틔운다.
그래도 남은 죄의 물기는
태허에 가서 비로소 눕는다.

구원(久遠) · 2
― 묵화(墨畵)

검은 바다가 누워 있고
목이 잘린 새가
바다보다 낮은 해변에서 꿈을 꾼다.
백사장에 찢어진 깃발이 펄럭이고
하늘엔 부서진 비행기가 둥둥 떠간다.
거대한 붓이 바다의 묵(墨)을 찍는다.
검은 치마저고리를 입은 노파가
등신대의 붓으로
해변에 한 글자를 쓰는 동안
백야의 꿈이 검은 파도에 젖는다.
위안부 할머니 얼굴에 파인
주름살이 파도처럼 계속 밀려온다.
해동갑도 못하는 어린 새가
조개를 얻어먹으러 왔다가
찌…… 찌…… 소리를 남기고 가버린다.
알에서 깨어난 새끼 게들이
새까맣게 바다로 달려간다.
백사장에 쓴 글씨가
무형의 미친 바람이 되어
방풍림의 검은 산발 위로
사라지는 동안
하얀 연꽃이 바다 위로 솟아오른다.
연꽃이 열리자

검은 먹물에 휘감긴
어두운 꿈이 알몸을 드러낸다.
혼을 물고 게들이 나락(奈落)으로 사라진다.
위안부 할머니가 바다를 응시하고 있다.
얼굴은 이미 바람이 되고
등만 남아서 나락 쪽을 보고 있다.

구원(久遠)·3
— 경계

늙은 개가 일광 속에서
코를 들고 바람의 냄새를 맡는다.
태양의 알이 가득 쌓인
사막의 끝에 벽이 서 있다.
하늘에서 나무줄기가 내려온다.
나이테가 인간의 길처럼
지문을 보여주고
하늘처럼 긴 벽에서
들을 수 없는 노래가 들린다.
개가 빛 속에서 옥을 토하고,
옥이 반향(反響)의 떨림으로 운다.
개가 있었던 자리에
이름도 없는 꽃의 잔해가 흩어져 있다.
금사자 두 마리가 빛 속에서
황금빛 갈기의 낮잠을 즐긴다.
나무줄기 속에
복숭아꽃이 만개한 마을이 보이고,
어떤 소녀가 붉은 꽃을 꺾는다.
고요한 연못에 사자후의 파문이 잠깐 인다.
하늘에서 길고 긴 손이 내려온다.
난마(亂麻)의 손들이 쏟아진다.
소녀가 손 하나를 잡고
구원한 경(境)을 넘는다.

태양이 길게 누워 알을 낳다가 죽자
바람이 사막으로 부끄러운 곳을 덮고 있다.

구원(久遠) · 4
— 목숨

태양의 구원한 빛 무더기 속에
나비의 알이 슬어 있다.
알의 꿈 위로 하늘의 한숨이 가닿고
거기에 땀이 맺힌다.
날개를 접는 어둠이 땀에 깃들고
이름도 없는 청년이 아직 원석인 채로
칠월의 개미취 곁에 졸고 있다.
마음의 고미(尻尾)에
파도가 넘실댄다.
물보라가 하얀 방울들을
허공에 매달아놓는다.
선(禪)의 구슬들에
태양의 벌거벗은 등이 비친다.
눈먼 노인이
두 손으로 죽음을 안고
바다로, 바다로 간다.
한 손에 강철로 된 연꽃을 든 죽음이
개미취 곁에 자던 돌 위에
오로라로 된 이불을 덮어준다.
눈먼 노인이
천지무용(天地無用)의 걸음을
내려다본다.
입에서 피를 토하고 쓰러진

젊은이의 손끝에
개미취 줄기가 닿아 있다.

구원(久遠)·5
— 원(願)

강옥(鋼玉)을 물고 잠든
이무기 머리에 솜털이 돋아 있다.
차안(此岸)에 작은 배가 쉬고 있고
긴 노가 수소보다 투명한 물에 박혀 있다.
보랏빛 용담화(龍膽花) 곁을
회청색 이무기가 쉬쉬 소리를 내며 지나간다.
용담화를 꺾어 들고 가던
아이가 가다가 지쳐 바위로 눕고
꽃이 아이의 머리 쪽으로
그늘을 들인다.
강 위로 웅성대는 소리가 몰려온다.
담뱃불만한 수색의 등불들이 몇 피어오른다.
어둠의 터럭이 인광만 남기고 모든 빛을 먹어치우자
시간이 늙은 젖퉁이를 꺼내
검은 산천을 다 먹여 재운다.
쥐참외 등(燈)이 점액질의 수면을
백 년을 두고 미끄러진다.
용담화 화판에 올라 하늘을 날던 아이가
해마다 등에 적힌 제 이름을 찾고 있다.
푸른빛으로, 오렌지빛으로 등이 떠간다.
리튬빛 등은 잠들 줄을 몰라서
고양이 눈 성운이 빠져 붉게 반짝이는
피안으로

낭랑히 떠간다.

구원(久遠) · 6
― 우주

석가여래가 손가락 사이에
태양을 끼고 미래를 향해 비추고 있다.
색색의 별들이 깜빡깜빡
저희들끼리 윙크를 주고받는다.
초신성(超新星) 아래에서
책을 보던 청년이 늙은이가 되어
외계인을 기다린다.
오십 줄 늙으신 어머니가
부대 가득 별 가루를 주워 담고 계신다.
검은 바다가 저 멀리서 기어온다.
석가여래의 태양으로도
속을 알 수가 없다.
다른 우주에서 난파된 우주선들이
검은 해저를 부유한다.
그것들은 모두 미래에서 온 것들이라고……
우리들은 무(無)로 가고 있다.
검은 복도에 아무도 없는 무(無)로 가고 있다.

*

진달래꽃 위에 우주가 열린다.
청소년들이 빛 속의 거리를 활보한다.
어디선가 터져나오는 전기기타 소리에

삶의 푸른 맥이 요동친다.
어느 날은 청신한 비가 내리고
도롱이 입은 농부들이 물꼬를 트러 나온다.
탈곡기 돌아가는 소리가 들리고
벼이삭 끝에 맺힌 빗물에 우주가 맺힌다.
도롱뇽 한 마리가 그 아래서
오래된 음악을 듣는다.
그리고 어느 날은 정말 눈부시게 눈이 온다.
백설기 같은 눈이 와서
시장기를 느낀 나머지
뜨거운 우동을 사먹으러 간다.
잠시 구원한 무(無)로의 행진도 잊고
내리는 우주의 선물을
머리로 어깨로 받는다.

구원(久遠) · 7
— 구원(救援)

산다는 것은 무서운 일이다.
가장 사랑하는 사람에게서
버림받는다는 것은 무서운 일이다.
사랑하는 사람을 뒤에 두고
무서워 도망치는 것은 무서운 일이다.
버림과 버려짐의 형극(荊棘)을
맨발로 걷다
어디로 가야 할지 몰라
우두커니 앉아 제 손을 쓰다듬는 일.
생인손 앓던 손을 쓰다듬다가
늙어 나무가 된 제 손을 잠시 못 알아보는 일.
무명(無明) 하늘이 바람을 받아 부풀고
황톳길이 저절로 넘실거리며
내 대신 길을 간다.
손등으로 닦아낸 콧물로만
찌든 삶은 하얗게 말라붙어 있고,
문득 내가 살았다고 할 수 있을까……
하얗게 닳아 반지르르한 바람의 손을 잡고
세월을 따라간다. 세월이 되어간다.
풍장(風葬)으로 회한도 말끔히 말려
내 붉은 심장만 단풍잎으로,
단풍잎으로 남기자.
무서워서 그랬다고 부끄러운 낯 붉히며

누구에게랄 것 없이
마지막으로 해야 할 말, 미안해,
하기도 전에 눈이 내린다.
붉은 마음 위에 얹히는 흰 손.
바래고 바래, 가장 늙고 따뜻한.

구원(久遠) · 8
— 공무도하(公無渡河)

모래무지 위로 마른 바람이 흐른다.
가마우지 한 마리가 빈사(瀕死)의 밤을 건너
기우뚱 모래무지 위에 서 있다.
흰 하늘이 우럭우럭한 김을 토한다.
허공에 수천의 물방울들이 떠 있고
취생몽사(醉生夢死)의 노인이
물방울들을 밟고 흰 하늘을 건넌다.
알딸딸한 얼굴에 부처의 미소가 돈다.
그의 아내가 마른 지상에서
공무도하 노래를 부른다.
천근의 걸음을 옮기며
울음 운다. 발자국 파인 자국마다
연두 어린 싹들이 귀를 내놓고
여자의 울음을 듣는다.
곤(鯤)이 허공을 헤엄치다가
맑고 큰 눈을 굴리며 다가와
자비의 노래를 듣는다.
색색의 우산을 받쳐 쓴 행인들이
종로 거리를 춤추듯 수놓는다.
비 냄새가 난다.
공무도하 노래를 부르던 여승이
다북쑥 굴헝에 서러운 잠을 누이고 있다.
어린 가마우지가 제 깃털을 뽑아

그 잠의 곁에 가만히 놓아두고는
스스로 대견하다는 듯
날개를 퍼덕이며 뒤뚱댄다.
흰 하늘에 수련이 한 송이 떠서는
만상에 날빛을 쏘고 있다.

구원(久遠) · 9
— 선악을 넘어서

무쇠로 된 하늘을
한 마리 가릉빈가(迦陵頻伽)가 날고 있었다.
부상당한 병사의 신음 소리가
끊길 듯 이어지고
새로 태어나는 죽음에 젖을 물리고픈
대지의 탐욕스런 모성(母性)이
열기와 신기루를 뿜어댔다.
어디선가 총성이 일었다 잦아들고
병사의 가로누운 꿈에
천사의 무구한 날개가
인간의 사심(邪心)이 결코 침범할 수 없는
결계를 드리우고 있었다.
폭격기가 꿈의 스크린 위를 날았다.
꿈나라의 소년은
대지를 향해 쇄도하는
사신들의 포효를 듣고 있었다.
부상당한 병사의 곁에
인간의 슬픔을 마셔야
자신의 불행을 잊는 축생(畜生)이 기어와서는
진홍색 눈물을 쏟고 가고
인간이 인간을 죽이는 데 열중하는
일월(日月)의 뒤안길을 걸어온
초췌한 적병이

신음하는 병사의 입술에
한 모금 수통의 물을 뿌리고 떠났다.
마침내 가릉빈가를 타고 오신
흰옷의 어머니가
그 무릎에 병사를 눕히고
하늘이 가짓빛으로 내리깔리는
고대의 자장가를 부르자
밤은 모든 경계를 풀어헤치고
분별없는 백색의 품을 열어 보였다.

구원(久遠) · 10
— 시간

태양의 비늘이 하얀 길 위로 쏟아진다.
길 위의 행인이 하얀 길 위를 간다.
수천억 개의 우주에서
수천억의 행인들이
하얀 길 위를 간다.
하얀 길의 끝의
소녀를 만나러
하얀 길 위를 간다.
태양의 비늘이 쏟아지지 않는
길의 끝에는
지난여름의
하설갈(夏雪葛)의 수효만큼의 눈이 내리고
소녀가 언 강 위로 배어나오는
검은 물의 거울을
들여다보고 앉아 있다.
꿈의 프레임에 검은 새가 날아간다.
검은 외로운 새가 날아간다.
수천억 개의 우주에서
검은 외로운 새가 날아서
행인의 꿈의 프레임으로 간다.
사산(死産)된 현실이
따스한 석탄 덩어리로 익어가는
꿈의 광맥의 외로운 하늘을 날아간다.

새를 본 행인의 몸 위로
어디서 생겼는지도 모르는 검은 멍이 배어나온다.
환한 대낮을 뚫고 허공에서
흰 손이 나타나고
흰 손을 잡고 수천억의 행인들이
하얀 길을, 태양의 비늘이 쏟아지는 길을 간다.
암흑으로 이글거리는 눈으로
우리를 만지는 소녀가 기다리는,
함설같의 눈이 내리는 길의 끝으로.
검은 물의 복도를 지나
배어나올 것이다, 수없는 내가.

구원(久遠)·11
― 괴저의 시간

먹을 수 없는
미숫가루를 받아놓고
겹겹의 주름 속에서
노파는 묵묵하였다.
아이는 달을 두고
그것을 졸랐다고……
아버지의 엽총을 끌며
아이는 놀고 있었고
기울어진 안테나 위로
이름 모를 새가 날아들었다.
어쩌자고 농아(聾啞) 하늘은
정작 그 자신은 들을 수 없는
화양(花樣)의 노래를 불렀던가.
인간은 언어의 괴저 위에서
그것이 캄캄한 괴저인지도 모르고
한평생 멍들어 산다.
괴저 위에 어떤 말을 올려놓아도
무용한 삶인데
뜬구름은 시간의 침전(沈澱)을 부려놓고 간다.
오발탄 소리에 새가 날았다.
붉은 화판(花瓣) 위에
아이가 잠든
명치끝이 싸한 절망은 어디다 둘까.

귀뚜라미가 오래 산 정짓간에
못 먹은 미숫가루 그릇이
때 묻혀 길들인
전설처럼
놓여 있었다.

구원(久遠)·12
— 세계의 바깥

지리멸렬의 시간을
지진이 왔다가 멀어지고
해일이 왔다가 또 멀어져간다.
물 아래 문명의 수면(睡眠)이 갈앉아 있고
단정학(丹頂鶴) 몇 마리 그 위를 선회한다.
하늘의 부러진 흰 날개가
바다에 새파랗게 처박힌 처참한 오후를
신(神)은 천사들의 도서관에 가서 읽는다.
어느 날엔가
중력 잃은 인간들이
대기권 밖으로 기약 없는 길을 떠나는
뒷모습 적막한 음영시(吟詠詩)의 한 구절이
몬순에 실려오고,
지구의 마지막 잔존자들은
저물녘 연꽃의 입술 아래에서 가난한 마음을 여민다.
신은 오늘도 못 오신다는 전언과 함께
칠보자개의 저녁 하늘을 보내시고……
아름답고 푸른 카시오페이아 성좌 근처에서는
지구인들의 높고 쓸쓸한 우주선이
시든 꽃잎처럼, 떨어지는 꽃잎처럼
관음보살의 허물어진 눈 속으로 사라져간다.
세계의 바깥에서 들려오는 신의 자장가를
지구의 잔존자들은

몸 전체가 조리 모양의 귀가 되어 듣는다.
그게 아니라면……
세계의 바깥이 없는 것이라면……
산천이 끊어질 듯 울어도
그 눈물 닦아줄 손 없을까봐.
지리멸렬의 시간을
별빛은, 멀고 적요한 데서 날아와 반짝이고.

Crop Circle

맥랑(麥浪)이 넘실대고 UFO는 떠난다. 초록이 이글거리고 천공의 눈이 반개(半開)한다. 쓰러진 대원A를 남겨두고 UFO는 떠난다. 맥랑이 이글거리고 대원A가 눈을 뜬다. 보리가 눕고 다시 일어나지 않는다. 쓰러진 자의 화인(火印)이 이글거린다. 누웠다가 다시 일어서는 불굴(不屈)이 넘실댄다. 그러나 쓰러져 다시 일어나지 않아야 금강(金剛)이 눈을 뜨겠구나. 대원A가 금강의 언어를 토해놓고 보리밭을 가로질러 가다 다시 쓰러진다. 맥랑이 되는구나. 지상의 눈이 되는구나. 바람이 불어도 이글거리는 초록의 경전. 쓰러져야, 쓰러져야.

2부
마분지풍(風)

One Fine Day

어머니는 거울 속
화장의 나라에 가 계셔서
나는 갈 수가 없고
어느 맑은 날
능소화가 엷은 졸음에 겨워
고개를 주억거린다.
꿀벌들이 분주하게
빛 무더기를 부려놓고 가는
돌 마당 사이에서 자란 잡초
풀꽃들 곁에 서서
어느 바다에서 꾸어 온
푸름을 잔뜩 가진 하늘을 올려다보면
하얀 우주선……
다 알고 계시네, 우주선은
누가 착한 앤지 나쁜 앤지.
세상은 휴거라도 된 것처럼 조용하고
문밖으로 나가자 머언 지평선이 달려온다.
누군가 대지를 이불 털듯 털어서
반듯하고 아득하게 펴는구나.
먼지가 풀풀 날리는 시골길을
어머니 같은 여자가
조가비로 만든 예쁜 지갑을 옆에 끼고
한들한들 가고

눈이 부신 어느 맑은 날
구름을 따라 길을 가면은,
구름은 자재로이 모습을 바꾸고
길은 돌아갈 길을 잊은 것처럼
문득 뒤를 돌아보아도.

수몰 지구
— 지아장커* 영화 〈Still Life〉에 부쳐

산협(山峽)의 도시가 폐허로 드러난다.
교육청 건물이 발파로 무너진다.
허물어진 허공이 잠시 걸려 있다.
어디선가 쇠망치 소리가 들린다.
어디선가 인부들이 나타나
건물을 헐기 시작한다.
땀이라기보다 육수가 흐른다.
뒤에서 보는 등줄기가 흙빛으로 빛난다.
밤이 되면 군청 건물이 팔을 괴고 눕는다.
인부들은 대개 눕자마자 잠든다.
유행가를 연마하느라 동네 조무래기들이
몰려왔다가 몰려간다. 개가 컹컹 짖는다.
모두 잠든 사이 아파트가 끙 하고 일어나
로켓처럼 세상을 뜬다.
새벽에 노인이 산에서 내려와 폐허로 사라진다.
젊은이들은 노인처럼 말한다.
작금의 현실은 우리와 맞지 않는다고.
우리는 수몰선 아래의 것들을 그리워한다고.
누구나 소싯적 생각에 잠시 흐뭇할 수 있다.
담배와 술과 차(茶)와 사탕만 있다면
가족이 평안하다고 중국인들은 말한다.
수몰 예정 지구에 비가 온다.
허물어진 자리가 관절염처럼 욱신댄다.

언제까지고 우리는 자연에 민폐를 끼치며 산다.
작금의 현실은 우리와 맞지 않지만.
우리는 사라지는 것들을 그리워하지만.
사람들은 사라지는 것들을 허물며 산다지만.
육수를 흘리며 고깃덩이 같은 삶도
조금씩 졸아붙겠지만.

---

* 지아장커(賈樟柯, 1970~): 중국 6세대 영화감독. 대표작으로 〈Still Life〉(2007) 〈무용(無用)〉(2008) 등이 있음.

초콜릿 파인애플 SunSet Swish

지난 오월까지만 해도 그녀는 도처에 있었다.

그녀는 도심의 깃털 돋친 그늘에서 나왔다가
가로수의 목질(木質) 어둠 속으로 서서히 사라졌다.
적란운에서 흰 날개를 달고 나타났다가
내리는 비에 녹아 땅에 스미기도 했다.
그녀는 개미 떼가 되어 꽃밭을 기어다니다가
태양의 갈기를 타고 음악이 되어 증발했다.
아무 일도 일어나지 않은 날들은 없었다.
옆집 녀석들의 거나한 파티에는 초대받지 못했지만
초콜릿과 파인애플과 SunSet Swish*의 밤들이 있었다.
집에 돌아오다가 편의점 불빛을 보면 슬펐다.
가끔 우울의 수맥에 쭈그리고 앉아 담배도 피워보았다.

유월엔 노란 양귀비 화분을 하나 샀다.
로즈마리와 시름시름 아픈 선인장이
새로운 비인가족(非人家族)을 반갑게 맞았다.
초콜릿과 파인애플과 SunSet Swish의 환영연(歡迎宴).
칠월엔 자주 김빠진 맥주를 마시며 야구 중계를 보았다.
골칫덩이 이웃이 이사를 가고 새 이웃이 떡을 돌렸다.
폭우가 예정된 순간 단호하게 쏟아졌다.
빗줄기는 지구에 수억수천만 개의 동심원을 그렸다.
원이라기보다 수억수천만의 태허(太虛)를.

비바람 사이로 바람의 핏줄이 떠돌고 있었다.
대기는 핏줄의 망상(網狀)이었다. 붉은 손금이
거실 창문으로 사라졌다.

그녀는 아무 데도 없었다.
아마도 어느 먼 수몰 지구의 수몰선 아래로 간 거겠지.
수몰선 아래의 것들은 모두 그리우니까.
비의 미로가 모든 길들을 가두고 태허로 허물어지는
행방불명의 날들이 있었다.

* 일본의 3인조 록 밴드. 사에키 다이스케(보컬), 이시다 준조(피아노), 도미타 유키(기타) 등이 2004년 오사카에서 결성. 2005년 싱글 《내일은 웃을 수 있게》로 데뷔. 대표곡으로 〈당신의 길에서 만나요〉〈코로나〉〈I love you〉〈Passion〉 등이 있다.

당신의 방

구름의 음악으로 쌓은 계단 끝에
당신의 방은 매달려 있습니다.
제가 가진 물감들을 아무리 뒤섞어도
그 방의 색을 묘사할 수 없는,
아니, 물감을 섞으면 섞을수록
더 그릴 수 없는 시간 위의 방이 있습니다.

당신이 외출하고 없는 시간을 걸어올라가
그 방에서 뭉게뭉게 피어나는 음악을 듣고
아무리 마셔도 취하지 않는 술을 마시고
유토(油土)로 세상에 없는 별들을 빚고
어느새 달빛이 지구 위로 쏟아질 때
밟을 때마다 구름의 음악이 짙어지는
계단을 따라, 다시 그림자의 집으로 돌아옵니다.

지하철을 타고 직장엘 다니고
친구들과 팔짱을 끼고 쇼핑을 하고
드라마를 보며 밥을 먹고
가끔 기쁘고 가끔 아픈
진짜 삶을 흉내 내다가도……

당신, 당신은 왜
저를 이렇게 작고 약하게 빚어놓았습니까?

당신의 하얀 손끝에 맺히는 가내수공업적인 슬픔.
유토로 빚은 갈라진 그림자를 내려다보며
당신의 방을 생각합니다.
그 유선형의 방이 눈을 찢고 흘러내려서는
지상의 어둠으로 한없이 스며들려 할 때.

구름의 음악이 낱낱이 무너져
당신의 방이 몇 번이고 부서지는 악몽의
마른 프레임에서
저는 유토로 빚은 인형처럼 말이 없는 인생,
당신에게로 갈 계단을 잃어
망가지려는 인형의 갈라진 꿈입니다.

정글짐에 사는 아이

상자는 없고, 상자 사다리는 있습니다.
정글짐 안에 검은 나무가 매달려 있는,
부끄러운 데를 싸맬 수도 없는 정적—
이것은 제가 아는 한 아이의 이야기입니다.

눈의 여왕이 보내는 눈바람을
눈 코 입으로 쏟고
까만 나무가 된 아이가 있습니다.
대자연의 빛나는 슬픔이
상복을 입고 오는
그런 묵음(默音)에도
하얗게 창문을 긁고 가는 눈바람 무늬가 있습니다.
그것을 무어라 부르면 좋을까요?
그 입 없는 무늬를—
그 아이는, 정글짐에 사는 바로 그 아이입니다.

학교에 가지 않고 정글짐에 살았습니다.
정글짐에 걸터앉아서는
지나가는 아이들에게 감기를 옮기곤 했죠.
모든 어른들이 합심하여 잊어버린 아이.
그 아이는, 참 긴 이름을 가졌는데
우리 동네 벽이란 벽을 모조리 훑고 지나가는
손바닥의 나이테에서

모든 불행한 자 외로운 자의 이름이 빠져나왔습니다.
모든 헐벗은 바람이 몰려나왔는데
그 맵고 차다는 눈의 여왕의 입김 그것이었죠.
너무 애잔해서 발설하면 고드름이 어는 이름.

언젠가 그 아이를 만진 적이 있습니다.
신부를 재로 변하게 하는 주술이었는데,
그 아이는, 재로 변하지 않고
정글짐에 걸터앉아 동토의 밤과 눈바람을 불러냈습니다.
그날부터 아이는 동토의 검은 달이 되어
저를 따라다녔습니다.
정글짐에 나란히 앉아 감기를 주고받았죠.

정글짐의 그 아이는 나로 옮아온 것일까요?
정글짐에서, 저도 살게 되었습니다.
슬픔의 상자들을 쌓아놓은 허공에 매달리거나
철제 피라미드의 영원한 시간 위를 건너뛰면서—
이것은 제가 모르는 한 아이의 이야기입니다.

그 아이는 정글짐에 살았어요.
정글짐을 움켜쥔 나무의 부러진 손 사이로
눈보라, 혹은 세상에 없는 깨끗한
멜로디의 결빙.

간이역

눈꽃이 꽃보라를 일으키며 세계에 박히는 시간입니다.
꾸정꾸정한 시간을 견딘달 수밖에 없이
간이역은 거기 있습니다.
대합실에선 오가피차 진액이 느긋이 닳고
불통(不通)의 산골 간이역에
새해의 첫 해를 기다리는 설렘이
라디오를 통해 흘러나옵니다.
이틀째 집에 못 들어가
해산어미 같은 몰골이 된 늙은 역장이
젖은 발을 말리느라
난로 앞으로 파고들고
젊은 역원이 역장의 비를 이어받아
두껍게 쌓인 망각의 눈 속에는
결코 묻히지 않겠다는 듯
저렇게 비질입니다.

눈바람이 엉머구리 소리로 울어댑니다.
어린 유령이 선로를 베고 눕던 그날처럼
플랫폼에 가늘게 서 있습니다.
오늘은 유령들의 밤기차도 불통인데
기다림이 타성이 되어 저렇게 막무가내입니다.
이 눈은 언제나 그치려나.
밤은 깊어가는데

시간의 흰 두께가 오히려 또렷이 보입니다.
저 눈이 다 녹아 눈물이 되면
기다리다 죽어간 사람들의 눈물이 되어
어디 창탕고원의 소금 호수쯤에나 가
영원히 죽지 말라고,
아니, 이젠 더이상 기다리지 말라고……

전등 아래 눈발이 벅적거립니다.
비질 소리는 눈 속에서 적적합니다.
늙은 역장이 막차의 꿈에 잦아듭니다.
다 꿈을 꾸고 살아간다는 듯이
간이역이 아득히 눈을 맞는 시간입니다.

서정의 장소

그것은 수구초심의 장소이기도 합니다.
껍더리된 늙은 여우가
짓무른 눈으로 가시밭길을 더듬어
난 곳을 찾아가는 것은
향수 그 이상의 마음입니다.
어미의 털이, 형제의 털이 아직 남아 있는 굴,
시르죽은 여우가 거기서 몸을 말고 누워
죽는 것은, 깨어나지 않는 것은
그곳이 태아의 잠으로 이어진 곳인 때문입니다.
산다는 것이 무엇인지 아직 몰라서
천지간에 살아보기로 한
태아의 기억으로 가서
이제 살아보았으니까
비록 모두의 답은 아니고 '나'만의 이야기겠지만
그 대답을 하러 가기 위해
여우는 발이 부르트게 걸었을 것입니다.
숨을 잃은 털 위로
희미한 빛과 바람의 화학이 내려앉고
그래도 잊지 못하는 마음이
무슨 일이 있어도 다시 만나야 하는
일생의 사건사고를 향해
삼원색 프리즘의 날개를 펼 때
문득 바라본 저녁 하늘의 붉은빛과

쉼도 없이 흐르는 검푸른 강,
초록빛 꿈을 꾸고 있는 숲.
정념과 회한과 꿈이 아직 끝난 것이 아니라
거기 보태어져 더 아름다워지는
필생(畢生)의 마지막이 있음을
여우의 마음은 알았을 것입니다.
마지막의 마지막이 있음을.

어깨 너머의 삶

그는 보잘것없는 사람이다.
그에게는 소매 끝이 닳은 양복이 한 벌 있을 따름이다.
그 양복을 입고 딸아이의 혼인식을 치른 사람이다.
그는 평생 개미처럼 일했으며
비좁은 임대 아파트로 남은 사람이다.
아침에 일어나 신문을 보는 굽은 등
투박한 손을 들키는 사람이다.
그는 그 거대한 손으로만 말을 할 줄 알았다.
언젠가 그가 소중하게 내민 손 안에는
산새 둥지에서 막 꺼내온 헐벗은 새끼 새가
눈도 뜨지 못한 채 새근대고 있었다.
푸른 숨을 쉬고 있었다.
그때 어두움의 음습한 숲에서
홀로 빛나던 새는 지금 어느 하늘을 꿰뚫고 있을까.
그의 손에 이끌리어 가보았던 하늘
구름 바람 태양 투명한 새.
그는 그런 것밖에 보여줄 줄 모르던 사람이다.
그의 내민 손 안의 시간.
그의 손에서 우리는 더 무엇을 읽으려는가.
그는 손으로 말했지만
우리는 진짜 그를 한 번도 보지는 못했다.
그는 보잘것없는 사람이기 때문이다.
그는 그가 내민 손에 있지 않았다.

어깨 너머에 있었다.
닳아빠진 양복을 입고 선술집에 앉아
그는 술잔을 앞에 둔 채 어깨 너머에서 묵묵했다.
그 초라한 어깨 너머를 보고 싶은데
차마 볼 수 없는, 엄두가 나지 않는
그는 어깨로는 아무 말도 하지 않았던
그런 사람이다.

Aqua Memory

장대비가 지구를 미느라고 그러는지 퍼붓습니다.
히말라야 시다 늘어선 교정이
비의 그늘에 까라져 어둡습니다.
낡은 교사에서 나무 썩는 냄새가 피어오릅니다.
혼자 남은 교실에서 아이는 어머니를 기다립니다.
아이들을 잡아먹는다는 구미호 이야기에는 얼씬거리지도 않고
아이는 유리창에 붙어
차고 단단한 기억 한 장에 글씨 연습을 합니다.
물로 쓴 기억들이 흘러서 하늘로 잦아듭니다.
국기게양대에도 운동장에도 인기척은 없습니다.
빈 교실의 책상 위에 삼단분리 필통이 하나
덩그러니 놓여 있고 그리고 아주 조용합니다.
바깥에선 비가 쇠, 하고 웃습니다.
지난해 홍수가 명기네 돼지를 물고 내뺄 때도
쇠, 하고 웃더니 또 쇠, 하고 웃습니다.
아이는 책상에 엎드렸다가 흑판에 낙서를 했다가
창문 너머로 떨어지는 굉음에 소리굽쇠를 갖다대보았다가
교실 밖까지 나가 어머니를 기다립니다.
식당일을 하시느라 늘 바쁘신 어머니가 또 늦으시는군요.
아이는 풍선껌을 타고 집에 갈 수 없을까?
삼단분리 필통을 타고 집에 갈 수 없을까?
그런 궁리로 또 시간을 잡아먹습니다.

드디어 어머니가 우산을 가지고 아이를 데리러 오시자
모자는 비가 천지를 뒤엎을 기세에도 지지 않고
집으로의 길을 재촉합니다. 우산 두 개가 나란히 걸어갑니다.
가다가 만난 우산이 없는 한 아이가 근심으로 지워지려 하자
어머니가 우산 하나를 그 아이에게 빌려주십니다.
모자는 다시 우산 하나로 집으로의 길을 재촉합니다.
엄마, 그 아이는 우리 집을 몰라요.
그 아이가 우산을 어떻게 돌려주러 올까요?
얼굴에 빗물이 치고 모자는 더 한데 뭉쳐져서는
빗방울 무늬의 둥근 길을 지치지도 않고 갑니다.

이십 년 후의 장성한 아들이 비바람 속에서
우산도 없이 오도 가도 못하고 서 있을 때
물의 기억을 따라 둥글게 둥글게 어려지는 길을 가서
그날의 어머니에게 우산을 건네받는 일을
그 우산도 없는 한 아이가 자신임을
아이가 어찌 알 수나 있었겠습니까.
엄마, 그 아이는 우리 집을 몰라요.
그 아이가 우산을 어떻게 돌려주러 올까요?

건들장마

건들장마
마당귀 씻으며 지나는 오후.

돌절구에 비 거울 생겼다 마르고
집안의 바보 자식
툇마루에 앉아
미동도 없는
쌘비구름 올려다보며
눈으로 웃는다.
입으로도 따라 웃는다.
흐르는 침.

라디오 시절
오늘의 리퀘스트 사연
쌘비구름 상상부에서
솜털 날개 달고 내려오면은,
'아베의 가족'*에 관한
바보 같은 거짓말
빨주노초파남보 무지개로 내려오면은.

바보는 아직 툇마루에 앉아 침을 흘리고
나는 라디오 앞에 배를 깔고 눕고
같은 시간을 우리는.

같은 시간을
돌절구에 비 거울 생겼다 마르고.

* 전상국 소설. '아베'라는 반편이가 등장한다.

마분지풍(風)
— 조건상* 선생님께

아버지는 예산농업학교 농업 선생님.
"다꾸앙 만드는 법을 쓰시오."
시험 문젤 내셨네.
마분지(馬糞紙) 답안지에 상긋한 볏짚 냄새.
마분지 답안지 여백을 오려 만든
볏짚 냄새 나는 연습장에
초록색 말은 초록색 똥을 누고
목장의 소녀는 초원을 달리고.

볏짚을 갈고 신문지를 갈고
이리저리 떨어져 구르는 햇빛
혹은 무지개 혹은 가을바람 같은 것도 갈고
갈고 구름 낮바닥도 갈고.
연필심이 걸려 넘어지는 거친 마분지에,
멀고 먼 서양 나라 잡지의 덜 갈린
낱말들도 풀씨 되어 심겨 있는 꿈꾸는 마분지에
섞여 있었던가, 아버지 체취도.
농업도 버리고 몰래 쓰던 소설도.
그때 자꾸 발이 걸려 넘어지던 소설도
진정 섞여 있었던가.

'다꾸앙' 만드는 법은 줄줄 외워버렸는데
마분지 말똥 냄새에선

지금 무슨 일이 일어나고 있을까.
혹시 또 걸려 넘어지는 일이나 아닌지.

* 1972년 『월간문학』 신인상에 「탈주」가 당선되어 등단. 대표작으로 「증발된 여자」 「아무도 없는 거리」 「중공에서 온 손님」 등이 있다.

요기(療飢)

겨울에 우리는 대흥사 유선관(遊仙館)에 가기로 했다.
아홉 겹 눈보라 속 검은 외줄기 길을 뚫고,
말하자면 어떤 감각으로도 전체적인 파악이 불가능한
눈 천지의 고독한 방랑자가 되어
세상의 끝 따뜻한 구들장이 있는
오래된 여관에 묵기로 했다.
보기 드물다는 남해의 맑은 눈이
대흥사 계곡에도 내리리라.
욕심이 없어 수척해진 나목 위에도.
나무는 앙상한 요기(療飢)의
눈을 받들고 있으리라.

겨울에 우리는 대흥사 유선관에 가기로 했다.
보기 드물다는 남해의 맑은 눈이 세상을 하얗게 지우고
나는 책상 앞 순백의 종이 위에
머리카락이 가늘어지는 검은 노동을 부려놓는다.
눈꺼풀이 처져서 슬픈 어머니가
유선관 가는 길을 지도에서 더듬고 계시는 곁에서
이마에 땀이 맺히게 쓰는 시가
대흥사 계곡 살얼음으로 가 고요하다.
즐겁다. 유선관에 묵는다는 생각.
  실현할 수 없는 계획은 아름답다. 아름다움은 늘 비어
있다.

아홉 겹 눈보라도 비어 있지 않느냐?

겨울에 우리는 대흥사 유선관에 가기로 했다.
유선관 백자 항아리에 담긴 밀감,
왠지 잇속이 얼얼한 찬 밀감이 먹고 싶다.

3부
하늘을 보렴

미키마우스 피서(避暑)
― 한양호일(漢陽好日)·1

좌판에 노랗고 투명한 설탕 과자들이 늘어 있네. 사자보다도 큰 잉어가 반짝반짝 녹고 있네. 여섯 살배기 소녀가 파마머리 장사 아줌마와 흥정을 벌이네. 제법 끈적끈적하네. 참외배꼽이 볼록 튀어나온 소녀가 백 원을 깎는 봄날의 자본주의. 소녀가 노란 해를 들어 하늘의 해와 겹치자 하늘에 노란 태양이 걸리고, 참새들이 지나가다가 노란 태양을 콕콕 찍어 먹네. 노란 설탕 미키마우스가 웃는 여름날 추억.

*

추억은 아름다워라. 아름답게 말할 수 있네, 추억은. 그해 여름 여덟 번이나 집을 옮겨 들어간 언덕 위의 집. 고무 대야에 받아둔 물은 얼음처럼 시원했네. 미키마우스들도 피서를 했네. 고무 대야로 들어가 수영을 했네. 심지어 나오지 않았네. 전세를 냈나, 원.

그게 다 가필드* 탓이라고. 무능한 고양이라고. 가필드가 창피하다고. 미키마우스를 양철 양동이로 건지면, 가필드가 와서 열심히 인공호흡을 해주었던가. 미키마우스가 갑자기 일어나 드라마에서처럼 가필드의 싸대기를 갈겼던가. 창피하게. 가문의 수치야, 정말.

* 짐 데이비스의 만화『가필드』에 나오는 고양이.

사이코지만 괜찮아
— 한양호일(漢陽好日) · 2

형형색색의 구두들이 지나가는 거리에서 항아리가 되어 앉아 있네. 아니, 항아리로 변신중이네. 하늘이 자꾸 머리 위로 떨어지므로. 어지러우므로. 신호등 옆에서 꽃이 되려다가 뿌리를 내리지 못해 쓰러진 꽃이 되었네. 한양에는 광막한 하늘이 없어서 꽃이 될 수 없네. 항아리가 되어서 하늘을 많이 담아 가져야지. 누군가 항아리 안을 들여다보네.

시절은 FTA. 사람들은 농부들이 죽을 것이라고 말하면서도 기뻐했네. 고깃값이 내릴 것이라고. 시절은 FTA. 모두 화를 내는 듯했지만 시인 녀석들은 그걸 시로 쓰지는 않았네. 나 같으면 어떤 일이 있어도.

항아리를 들여다보는 소녀에게 말해주어야지. 나 같으면 어떤 일이 있어도 농부들을 죽이지 않겠다고. 하늘이 자꾸 머리 위로 떨어지고 구름 아저씨는 계속 괜찮다는 말만 하시네. 괜. 찮. 아.

아저씨, 뭐가 괜찮아요! 닥치고 코밑에 빠진 콧물이나 좀 닦아요!

안녕, 동대문구장
— 한양호일(漢陽好日) · 3

연계 같은 아이들에게도 집념이 있네. 몇 날 며칠 혹사한 어깨로 던지는 공이 악착같이 포수의 미트를 파고드네. 서울고 이형종*이 학처럼 공을 가슴에 모았다가 공을 뿌리는 순간, 공은 별똥이 되어 대기를 가르며 쇄도하네. 구장을 떠돌던 마른 풀잎, 자잘한 흙먼지가 공의 궤적을 따라 뒤척이고 설레네.

잔치국수 멸치 국물 냄새가 모락모락. 교복을 입은 학생들이 목청을 높이네. 어묵을 우적우적 베어 먹는 아저씨는 왠지 눈시울이 붉네. 아이스크림을 파는 상인도 잠시 경기에 한눈을 팔며 땀을 들이네. 9회 말 일고의 역전승. 이기는 일도 지는 일도 너무 피곤하네. 망연자실한 서울고 응원단을 흘긋 보면서 지는 연습을 하는 솜털 뽀송한 인생들을 느끼네. 목 끝이 아릿한 법이지. 그치?

동대문구장도 이제 혹사한 몸을 누인다고. 청계천에서 온, 황학동에서 온 노점상들의 시름이 경기가 다 끝나고 난 뒤 구장 주변의 적막으로 착 가라앉네. 저편 쇼핑몰의 환한 육체 위로 달빛이 교교하네. 서민들이 이기는 게임을 이제 어디서건 보기 힘들다고 야옹이에게 한마디했더니······ "이봐, 애송이! 싸울 땐 눈에 힘을 주는 거야, 이렇게!"

마구(魔球)다, 막 두 개로 보여. 헉!

* 서울고등학교 출신 야구 선수이다.

세계의 온도
― 한양호일(漢陽好日) · 4

매년 최악의 무더위. 연일 최고 온도를 경신하는 열대야. 달동네 골목을 차지한 사람들은 염치를 모르네. 언제나 러닝 바람에 반바지 차림으로 달빛에 샤워를 하러 나오네. 골목 어귀 슈퍼마켓의 평상을 점령하고 앉아 수박을 쪼개 먹으며 두런두런 그날의 피로를 떠드네. 수압이 높은 골목에서는 등목을 하고, 지대 사나운 높은 골목에서는 늘상 물꼬가 언제 터지나 불만이 쌓이는 소리. "사람들이 염치가 있어야지!" 터덜터덜 평상까지 걸어나와서는 수박을 덥석 집는 손. '곰배팔이나 돼라!' 수박씨 옆에 똥파리. 모기향이 맵게 피어도 반바지 아래 드러난 다리가 이내 가렵네. 오늘 서울의 온도는?

*

어린 시절 문방구에서 훔쳤던 온도계. 내 것은 끝이 깨진 것이었네. 집는 것마다 하자인 인생의 시작이었나. 그래서 멀쩡한 온도계를 실례했겠지. 긴 골목길을 달렸네. 어느 집이나 낮은 담장. 정겨운 낙서. 잡힌 목덜미. 뺨도 맞기 전에 뺨이 더웠던 어린 시절. 왠지 맞아야 마음이 편할 것 같던.

*

당최 방이 맘에 안 들어. 이웃을 잘 만나야 하는 건데. 밤

낮 등목이라네. 주인은 수전노고, 가뭄인데 방은 언제나 눅눅하네. 오늘 세계의 온도는? "죽음이지!"

납량특선
— 한양호일(漢陽好日)·5

　공중변소의 문이 활짝 열리고 도끼가 허공을 가른다. 수음을 하던 청소년의 머리가 '화들짝' 떨어진다(라는 건 물론 어른들이 지어낸 이야기지만). 어느 날 달동네 쓰레기장에 머리가 굴러다닌다. 시간이 없어 연애를 못한다는 옥탑방 미스 윤이 머리를 어항에 넣고 기른다(라는 건 어느 만화에서 본 건지 아리송하다*). 달동네의 달빛은 청승맞게 푸르고.

　어느 날 달동네 꼭대기 집으로 돌아가다가 아내와 함께 내려오는 내 도플갱어를 본다. 아내도 내 편이 아니고, 아들도 나를 못 알아보고. 내가 있다고 할 수 있느냔 말이지. 밤새 공터 쓰레기장에 털썩 앉아 웬 머리와 더불어 존재의 비애에 대해 토론한다. 새벽은 달동네 사람들을 지운다. 겁없는 똥개들만 짖고, 어느 날은 가끔이지만 머리를 지운다.

　명예퇴직한 교감 선생님(이라지만 정말은 전직 제비 선생님)이 어디서 부잣집 퍼그의 머리를 달고 나와 골목을 쓸고 계신다. 비는 어디다 두고 도깨비를 들고 나와 쓴다. 일상은 언제나 서늘하고 머리는 잃어버리기 십상이다. 동네 목욕탕 앞. '카운터에 맡기지 않은 물품의 분실에 대해서는 책임을 지지 않습니다.' 에구, 내 머리는 조인성** 머리였는데, 물어내세요. 으앙.

* 『살아있는 머리의 사육법』이라는 만화가 아닐까.
** 배우. 〈피아노〉〈발리에서 생긴 일〉 등에 출연했다.

구멍가게 앞 편의점
— 한양호일(漢陽好日) · 6

달동네 구멍가게 앞에 새로 편의점이 생겼습니다. 구멍가게 아줌마가 가게 앞 평상에 앉아 편의점 구경에 한창입니다. 고시생이 소주 한 병, 세탁소 김씨가 라면 다섯 개, 모퉁이 양철대문 집 딸이 담배 한 갑을 사갑니다. 가로등이 드문드문 슬픈 눈을 뜨면 온전한 어둠이 가지색으로 익어갑니다. 어둠 속에서 편의점은 냉장고의 불빛처럼 아늑한 빛을 머금는다고, 죠스바를 먹으며 아줌마는 생각합니다. 아저씨는 야구 중계에 넋이 나가 있고, 아줌마는 입가에 묻은 어둠을 스윽 닦으며, "밥이나 지으러 가야겠다." 끙, 하고 일어섭니다.
　자정의 달동네. "편의점으로 오세요. 만 원 이상 고객께 편의점 쿠폰을 드립니다. 쿠폰이 세 개 모이면 그 주에는 복권 당첨 기본, 성인 비디오 주인공들과 만남을 주선해드립니다. 여당의 공천권과 달나라 왕복 여행권도 드립니다." 턱없이 작은 푸른색 제복을 입은 편의점 주인이 대머리를 반짝이며 수선을 떱니다. 동네 사람들이 개미로 변해 편의점으로 몰려듭니다. 편의점에 빨갛고 노란 불이 들어오고 대머리 아저씨는 고무 가면을 뒤집어쓴 외계인으로 변신합니다. 전함 '편의점'은 아늑한 불빛을 발하며 달동네를 뜨려는 모양입니다.
　"내 그럴 줄 알았지. 이 외계인 놈들아, 아, 아." 구멍가게 아줌마가 자다가 말고 사자후를 터뜨립니다. 목구멍 속에서 목젖이 바르르 떨립니다. 아저씨가 한 다리를 들었다가 놓으며 군더더기 없는 스윙으로 베개를 집어던지자, 잠실구장을 가득 메운 동네 사람들이 열광의 도가니에 빠져듭니다. 홈! 런! 아저씨가 한 손을 번쩍 쳐들어 보입니다.

다녀왔습니다
— 한양호일(漢陽好日) · 7

　인생이 비극적이라고 느낄 때 도도하게 흐르는 강물을 보러 갑니다. 노란 꽃다지 핀 제방. 초록 공원길. 별들이 하얗게 헤엄치는 강물에 이야기 전설같이 잦아드는. 거기 노래를 흘려보내러 갑니다.
　가족들 뿔뿔이 흩어지고 나는 외톨박이. 구르고 굴러 달동네. 닳고 닳아 하얀 조약돌. 이래봬도 레벨 만오천의 흑기사. 이래봬도 연애 십 단. 이래봬도 줄담배. 사랑합니다. 사랑해서 미안합니다. 힘을 내세요.
　패션은 후져도. 얼굴은 후져도. 월세 십만 원에 잠만 자는 방이어도. 짐이라곤 옷가방 하나라도. 사랑합니다. 사랑해서 미안합니다. 기운 내세요.
　풍금을 울리며 그 옛날 유년의 노래를 부르네. 아빠하고 나하고 만든 꽃밭엔 채송화도 봉숭아도 한창입니다. 강물은 서럽게 은빛으로 뒤채고 그 너머 아버지 얼굴, 웃음 번지고. 사랑합니다. 너덜너덜한 인생이어도. 다녀왔습니다. 다녀왔습니다. 강물 너머 반짝이는 아빠의 웃는 금이빨.

연꽃 프로젝트

세상의 누나들이 쏟아져나온다.
나는 불상(佛像)처럼 생긴 피겨(figure)인데
대자대비한 얼굴로 누나들을 만난다.
누나들의 눈에 비가 내린다.
나는 염주 대신 커피잔이나 돌리고 있다.
식탁보에서 잔잔한 꽃이 피어난다.
(그 꽃이 연꽃이라면……)

가서 닿을 수 없으면 불가항력에게 빌었던
수심(愁心)에서 온 아이의 시절은 잃어졌다.
슬픈 이야기를 들으면
불경처럼 어두운 마음에 쌓아두는
불타의 수심도 잊어버렸구나.

오늘은 피겨들의 장날, 거리는 북새통이다.
이런 날 눈에서 비가 오다니 엉망진창!
흰 하늘의 인자한 눈썹을 모아
심청이의 연꽃을 짤 수 있다면
세상의 누나들에게 입혀
이 북새통의 거리를
표표히 떠가게 하고 싶다.

마술사들

노점상 앞에서 호떡을 먹던
추레한 사나이가 빈 지갑에서
지폐 다발을 꺼내 값을 치른다.
검은 가죽 치마를 입은 여자가
모퉁이를 돌 때 재규어로 변한다.
대머리 총각이 아까부터
여탕 벽을 뚫어지게 보고 서 있다. 껄껄 웃는다.
지나가던 고양이가 알고 가죽옷을 한 번 여민다.
죽음을 업고 다니던 노파가
오늘따라 꽃보다 예쁘게 웃는다.
이민 갔던 아들이 온다나 어쩐다나.
흑인 여자와 백인 남자가 팔짱을 끼고 걷는다.
존 업다이크 소설에서처럼
영혼까지는 바꾸지 못해서
여자는 백인의 눈, 남자는 흑인의 눈이다.*
서쪽 하늘로 큰 새 한 마리가 날아갔는데,
사람들은 눈치를 못 챈다.
며칠 전의 일이지만,
멀쩡하게 생긴 청년이
원자력병원 영안실 앞에
멍하게 주저앉아
검은 울음을 울고 있었다.
울음에서 깃털이 자라 새가 된 청년이

죽은 애인의 넋을 되찾으러
마계로 가는 모양이지.
그건 우리 깜냥으로도 좀 쉬운 일은 아니지만.

* 존 업다이크의 소설 『브라질』(1994).

담벼락 고양이

흰 하늘이 구부러진다.
창문을 열면 나지막한 담벼락이 있고
담벼락 고양이가
실내를 들여다보고 있다.
어디선가 독을 먹고 와서는
구부러진 실내를 들여다보고 있다.
손을 써볼 수도 없다.
왜 그러느냐고 묻고 싶지만
고통도 잊은 듯 고요한 눈빛.
언제나 마른 멸치를 얻어먹던
담벼락에 나타나서는
고요한 눈빛.
담장이 휘고 휘어서 달리면
오 분 거리의 피안(彼岸)에
너는 가서 눕게 되고
어디선가 어미 고양이가 와서
네 검은 휴식의 곁에 앉아
가만히 털을 골라주겠지.
담벼락 죽음이 구부러진다.
— 혼자만의 집에서 멸치를 다듬으며
어쩌면 반(反)인간의 시를 써야 했는지
모른다고 자책한다. 누구의 행복을 위해
나는 시를 쓴 걸까.

계절은 버찌가 익을 무렵,
베란다에 으깨진 버찌.
고양이 발자국의 꽃잎.
—너는 원망하다 죽었을까.
마음이 편해지자고 드는 생각인지 몰라도
마치 네가 인사를 하러 온 것 같아.
마지막 숨을 뱉을 때엔 나도
가장 사랑하는 사람들에게
작별을 고할 수 있었으면 좋겠어.
아직 사랑해도 되지?
혼잣말이 고양이 등처럼 휘어서
실내가 흰빛으로 부푸는 오후.

하늘을 보렴

예술은 타락이야. 삶을 망치는 거야.
평생 돈도 벌지 않고 가정도 없이 진창에 구르다 쓰러지는 거야.
저기 하늘을 보렴. 물먹은 별이 보이지?
슬픈 일이 있어야 하는 거야.

하급반 아이들을 모아놓고
그야말로 '군대식 얼차려'를 주며
그날 천변 갈대밭에서
삼 학년 형은
함부로 멋진 말만 일삼았지만,
하얀 입김을 토하며 본 하늘엔
별도 없는 적막……
냇물이 흐르고 흐르는 소리만
갈대밭이 가벼이 서걱대는 소리만
아직까지 소곤대지만,
속았다는 분노도 아니고 다만 더 모질어지자는 것인데.
매번 약해빠진 등으로 책상 앞에 앉아
매문(賣文)할 글이나 쓰는 한 누덕진 삶의 기교야.
요놈아, 시란 제일로 모질어야지.

그 문예반 형은 무엇이 되었겠니?
화염병을 던지다 죽었으면 더 멋졌을 텐데

멋대로 사랑에 미쳐 자살해버린
그 형은 이제 무엇이 되었겠니?
찌그러진 냄비에 삼양라면을 끓이며
창으로 이어진 은하계의 머언 먼 별빛을
타락론으로나 경청하면서
엄지발가락으로 콧구멍이나 후비며 하는 생각,
그래 슬픈 일이 좀 있어야 하는 것인디, 잉?

저기 하늘을 보렴. 별이 보이지?

비가(悲歌)

우리가 잃어버린 조선의 흰 하늘,
겹겹의 한지(韓紙) 위를
검게 마른 나무가 누워서 날아간다.
떨어진 은행을 줍던 거칠게 튼 손이
고개를 들어 바특한 한살이를 헤아린다.
그것은 '만나러 가는 나무'일까
'만나고 오는 나무'일까.
말끝이 항상 서러운 은행알 반짝,
야뇨(夜尿)에 좋다고 먹이시던 용법을 거쳐
늙은 영감의 해소 천식을 눅이는 용법에
평생을 버리며 용케 가닿은
고목처럼 굽은 손길이 흙바닥을 자꾸 헛짚는다.

— 우리는 왜 어버이 곁에서 죽지 못하는가.
그것은 세상의 모든 나무들이
그 그늘을 전생으로 거두며 폐(閉)하기 전
부르는 늙은 동요.
아버지 손수 심으시고 어머니 애써 기르셨지만……
눈을 떠보면 어버이 곁이 아니라
낯선 축생계의 오후를
참으로 욕되게도
어버이로 늙어가는구나.

4부
재〔灰〕의 노래

용정촌 하루

사촌까지 덥게 한다는 명주옷으로 갈아입고
나앉은 오후 용정촌 거리.
비단가리*의 노랗게 뜬 빛이 내리고
입춘 못 미친 바람이 그 빛을 흔드는 소리.

귀밑의 뽀얀 솜털,
경사**를 쓰던 청년 아나키스트.
그의 안부는 없고
갈매나무처럼 아름답다던 말만.

앵속처럼 붉어진 마음,
바람 달린다. 아미 휘날리며.
연을 날리러 아이들이 뛰어간다.
마른풀이 바람에 실려서 뒤를 따른다.

그는 노신(魯迅)처럼 살려고 했을까.
장군이 되고 싶었을까.
바쿠닌 동지나 크로포트킨 동지처럼
마우재*** 말도 곧잘 했을까.
마음의 북국(北國) 테러리스트가 되어
콧물을 흘리며 인간 폭탄이 되었다면?
어쩔까. 물어보았으면 좋았지.
모르겠다, 모르겠다.

흰 하늘이 길고 긴 만주.
용정차가 하루를 두고 천천히 닳는.

* 하찮은 살림.
** 서울 말씨.
*** 러시아 사람을 얕잡아 부르는 말.

굳세어라 금순아 · 1
— 국제시장 1955, 눈꽃

국제시장 입구
오망이 꿀꿀이죽 무쇠솥 위로도
허기진 눈꽃이 풀풀 날리느니,
먹어도 배가 채워지지 않는 밥이 내리느니.

금순아, 하늘에 파랗게 언 네 얼굴.
바다에 살얼음 낀 거울을 보고 있느냐.
흥남 부두 엘에스티 고동 울리는데
빙경(氷鏡) 속에서 돌꼇잠을 자는 시간이여.

울어도 울어도 시원해지지 않는 검은 바다.
얼어서 검어진 네 손에 입김을 불던
오라비를 찾느냐.
그 꽝꽝한 거울 속 눈보라를 헤치며, 헤치며.

파도가 살갗을 에는 바다에 너를 버리고
삼팔따라지로 구르고 굴러
국제시장이다. 달러 장사치이다.
쪽을 찐 호남 안깐을 너처럼 안고 숨죽여 울던 밤이여.

가늘한 허리의 안깐을 보면
울컥 일던 대설원의 눈보라여.
대구나 광주, 너 어디 살아 있는 게 아니냐.

엄동설한을 마른풀로 헤매었더냐.

썩썩거리며 멧돼지 숨을 쉬던 술판도 숱했다.
치받고픈 타향살이, 눈꽃 너머 장진 부근을 더듬느니.
그래, 눈꽃의 훈훈한 살결로
너 웃으며 장진에도 내리느냐. 쌓이느냐.

굳세어라 금순아 · 2
― 파 줄기처럼 매운 길 1960, 서울

눈매 서글서글하고 풍신 좋은 남정을 따라
산으로만 재우쳐 얼었던 밤, 눈물 나우다.
중공군 꽹과리 소리 오금 저리고
언 발 끌며 걸은 길 파 줄기처럼 맵더이다.

남정네 서산을 가는 새 되어 뜨고
양파 알처럼 떨군 아이 등에 업고
미싱을 돌리고 날품을 팔고
드난을 살아도 서울 하늘은 맵기만 하오.

오라바이, 간밤 꿈에 만났쟁이오.
학업을 이었으면 대학을 앙이 나왔갔나.
학사모 쓰고 검은 옷 입고
내 손을 쥔 손 놓지 않고 장진으 가겠쟁이.

하늘도 이념이 달라 넘질 못하는
휴전선, 구름도 덜컹 넘어야 하느니.
그래, 꿈도 가다가는 가물어 목 끝이 타는 검은 방
오라바이 냄새 훗훗이 떠돌고, 곤한 아이 숨소리.

서울의 봄, 개나리 피었다 지는 사월이여.
어깨에 옥양목 빛 날개를 단 학생들이
밀려가다가는 썰물 지는 오후.

피 흘리는 어깨를 움켜쥔 나 어린 오라바이를 보겠네.
날개 찢긴 나비 깃들이어 오는 소리.
흉악한 세상이오, 얼피덩 들어와 숨기오.

울 오라바이라면 얼매나 좋갔나.
바다도 새카맣게 질린 흥남 부두에
눈보라 채쩍으로, 채쩍으로 날리던 날,
내 쥔 손을 왜 놓았는지 묻지도 않고
개마고원의 그늘 같은 마음에 꼭꼭 숨겨드리리.
이념이 와도 모르고 독재가 와도 모르게시리.

상처에 좋은 곰국 손수 끓여
내 이남살이의 파 줄기 같은 설움도 숭숭 썰어넣겠네.
어리신 오라바이는 신고산 타령을 불르우다.
아바이 태가 나나 봅새.

죽지 않고 산다면.
죽지 않고 어딘가 산다면.

굳세어라 금순아 · 3
— 뜬 배 1983, **타령조**

찻머리에 거룻배 떠간다.
버스는 아니 오고 너를 태운 배가 흘러간다.
너는 오십 줄 오망이 얼굴을 닮았었구나.
설마 함경도 사투리도 다 잊어뿌리고 가느냐.

"오라비를 많이는 기다렸싱께.
돌이 되았는갑드라. 암이었다 카지러."
금순아, 개마고원 머리에 얹힌
흰 눈의 소복을 입고 너 어디에 가느냐.

좀더 기대리쟁쿠, 너의 손을 주라.
너의 거멓게 언 손을 주라.
전단을 뿌리고 신문 광고를 내고 테레비에도 나갔다.
전라도를, 충청도를, 강원도를, 여의도를 사무친 바람.

이마에 검정 사마귀 있는 안깐을 찾았다.
금순이를 찾았다. 살았다니 멈출 줄 모르던 마음이여.
갈증의 야반, 수화기 저편에서 울던
황해도 처니의 울음 고비를 어디 다 넘갔나.
네가 아닌데도 울음이 터졌다.
네가 아니어서 울음이 터졌다.

동명이인을 만났다.

고향 사람도 만났다.
그리고 너를 아는 사람을 찾았다.

"조카가 있지러." 옛꼬망?
중동에 가 있다고 했다.
조카는 붉은 혀에 흰 모래가 박히도록
울지 않았겠느냐, 좀더 기대리쟁쿠.

너는 거룻배를 타고 떠간다.
장진호에 깃들인 이마 하얀 별은 너의 별.
인제는 너 다 보겠구나.

오십 줄 오라바이의 망이는 가문 손이며,
너를 놓은 부끄러운 손이며,
타국 땅 모래바람 속
푸른 작업복들을 입은 코리언,
늬가 조카를 찾을까.

어랑 어랑 어허야
어야 디야 내 사랑아.
공산야월 아바이 타령 소리.
두견 두견 오망이 잔기침 소리.
고향산천을 다 보겠구나. 망이는 변했갔지?

— 큰 산이 전설같이 떠오르고 둥주리 튼 마을,
울렁거리는 함경도 사투리의 아이들 지줄거림……

어랑 어랑 어허야 어야 디야.
너의 차가운 손을 주라.
네 손을 잡은 손 두 번은 놓지 않으리.
놓지 않으리.

어떤 귀소(歸巢)

해삼위(海蔘威) 부근 상설시장
누비 구름 누덕누덕 걸린 하늘,
두만강 가는 길 묻고 다니던
꽃제비 한 아이
이국의 장날을
썩은 감자 껍질 같은 것이나 줍느라
진종일 바장대다 길 위에 눕고
고려인 장사치가 호떡을 가져왔다 잠시
집으로 가는 후줄근한 꿈 여행을
들여다보고 앉아 있었다.

*

밤물결 소리도 귀에 먼
해삼위 부둣가 낡은 집
전쟁 통에 가족들 뿔뿔이 흩어져
중원의 모래바람으로 아무렇게나 살다가
이제는 까라져 가죽만 남은 노인이
코리아의 호드기 소리를
난청으로나 듣는 밤,
민족이란 말도 요새는 없다는데
고국산천에 쓴 무덤의 냄새는
꿈에서 더 간절하기만……

― 돌아가기는 갈 것이다.
그러나
이 몸을 다 갈아 없애고서야.

아리랑―
분노는 차가운 땅 시베리아로 유형을 보내 얼리고
고독은 막걸리 항아리에 함께 담아라.
설움은 행랑방에 주저앉혀 짚신이라도 삼게 하고
그리움은 아무래도 잔월효성에게나 떠넘겨야 하리.

*

장사치를 따라 우수리로 밀려온
꽃제비 도토리묵 먹던
접시에 기러기 울어 예며 날았다.
걸핏하면 잘 울었다는 저 박용래의 어느 시에서처럼.
탈북 하여 떠돌다 아버지 병들어 죽고
모친 있는 고향으로나 돌아가야 한다고 보채다
밤사이 인사도 없이 떠나다, 꽃제비여!
연해주의 모든 길을 허리띠에 묶고 질질 끌면서
마침내는 어머니에게로 갈 까마귀 같은 아이.
연해주의 찬 하늘에 가족 잃은 설움을 밀어두고야
짓무른 꿈을 베갯잇에 적시는 노인.

아리랑은 유형(流刑)의 노래던가.
고려인 장사치가 치켜다본 새벽하늘엔
구름 사이로 얼굴을 내민 둥근 달이
세상의 모든 어머니가 눈부신 흰머리로 짜낸
정안수 그릇으로 아슴하기만.

'좀뻬'의 여인들
— 종군위안부의 넋이 '당신'에게

'좀뻬'*에 눅진한 비가 내린다.
열대우림 속에선
부리가 크고 긴 괴조(怪鳥)가 온종일 울어댄다.
문턱에 선 거대한 팰루스의 그림자.
다다미방에 이불이 한 채,
몸살이 눅눅하게 웅크린다.

가족을 죽인다고 해서 온 여자도 있었다.
속아서 따라온 여자도 있었다.
가난에 팔리고, 동족에 속고,
전쟁이 까맣게 먹어치운
이름도 없는 여자들이 있었다.

마마 상이 군표를 챙기고
담배를 피워 문다.
일본도를 차고 군화를 신은 야수들이
하얀 지옥을 자꾸 파먹는다.
파먹는데도 죽을 수가 없어서 기절한다.
열대우림의 미지근한 비가 치적치적 침을 뱉는다.

폭격의 와중에도
안기러 오는 원숭이들이 있었다.
고참에게 딸려와 열여덟 동생의 얼굴로

범하고 간 젊은이를 용서한다.
하루에 열 명, 아니 그 이상,
죽음을 등에 업은 벌거숭이들이
두려움으로, 두려움으로 파고들어간 날에도
죽을 수가 없어서 까무러친 '좀뻬'의 여인들.
어디선가 엉겅퀴 달이는 냄새가 난다.

전신(戰神)의 아이들이 흐물흐물한 핏덩이로 쏟아진다.
음문 속으로 독거미들이 들어와 온몸에 독이 퍼진다.
일본도가 아랫배에 상처를 내고 간다.
린치가 말라리아 모기처럼 앵앵거린다.
생리혈을 멈추게 하는 수술실의 메스,
제국주의의 포신이 서서히 움직인다.

문득 우기가 지나고 다시 우기가 오고.
구멍 뚫린 천장으로 하늘의 별이 떨어지고
남자들의 전쟁이 끝나고
역사가 불태워지자
아지랑이가 되었다, 몸이,
엉겅퀴 달이는 냄새가 아직도 나는데
용서할 권리마저 없이
아지랑이가 되었다.

이곳이 어딘지도 모르는데,
다다미방에 이불이 한 채.
무너진 천장으로 쏟아지는 별빛에도
몸살이 날 것 같은데,
여기는 어디인가.
내 이름은 무엇인가.
당신이라면
모든 것을 말해줄 수도 있지 않을까.
당신이라면.

* 조선인 위안부 숙소를 이르던 말.

Line

1. 훗카이도 탄광에 뜨는 별엔 1940

현해탄 검은 길 길다.
꿈 대신 출렁이는 백오십 명 피로만 있느니.
'모집'인데도 도망치는 자 숱했다.
시모노세키에서 산요센(山陽線)으로,
산요센에서 도호쿠센(東北線)으로
길은 내 어머니의 거친 꿈처럼
울퉁불퉁했느니.

길에서 자란 억센 풀을 뜯으며
소금을 집어먹으며
진폐 앓는 몸으로 갱을 살았던 이들이여.
다코방에서 전라도 사내의 아리랑을 들어야
잠들지 못하는 눈을 감고
모로 누운 몸을 고쳐 눕던 근육통의 밤이여.

차라리 석탄을 베고 눕던 갱이 따스했다.
남의 나라의 겨울은 욕설처럼 괴로웠나니
비바이 탄광에 묻힌 동족아.
우타시나이에 들어가서는 나올 줄을 모르던 동족아.
훗카이도 탄광촌에 뜨는 별처럼 시린
물을 마시고 피를 토하는 설움이여.

그래, 우리는 반도의 조선인이다.

2. 부도환(浮島丸)의 그림자 1945

일본이 졌다고 했다.
탄광사무소로 달려가
일본인 소장을 쳤다.
무법자라고 욕하지 마라.

소금물에 시금치 절여 허기를 달랜
원한 세월,
우리는 칼을 씹어 먹었던 조선의 불가사리.
갱에 묻힌 아리랑을 누가 대신 불러줄까.

온몸을 휘감은 채찍의 길.
복수는 집념의 길을 따라 식을 줄을 모르네.
우리를 고향으로 보내달라.
우리는 해방된 민족.

삼천칠백삼십오 명의 조선 사람을 태운 섬이 움직인다.
섬처럼 꿈쩍 않을 것 같던 한도

온몸을 휘감은 채찍의 길도
무거운 집념 되어 경천동지.

마이츠루만(舞鶴灣)의 기뢰여,
이 집념만은 가게 해야 하지 않았나.
원한의 말을 남기고
청둥오리처럼 물에 잠겨 영영 나오지 않네.

3. 잔류의 장 1948

지참금 천 엔, 이백오십 파운드 수화물로
떠나라 하니 떠날 수 있나.
가도 가도 붉은 산 붉은 들인
조국은 보릿고개.

부모형제 안부도 모르는 고향 생각은
현해탄에 젖어 날개가 무거워라.
아들을 낳아준 아사코의 나라는 원수의 나라.
안동답답한 가슴 아리랑이나 부를꺼나.

취할 수 없는 남의 나라의 술을 먹고
피가 나도록 뒹굴었던 마음은

나라를 잊고 고향을 잊고
낳아준 부모를 잊기 위한 춤.

그래도 아들에겐 민족을 가르치고 싶어라.
혈맥의 푸른 길을 이어주고 싶어라.
민족학교를 가서 너는
조선의 말을 잊어서는 안 되리.

오사카에서는 소년 김태일이 사살되었다.
한신(阪神)교육 사건으로
문을 닫은 민족학교 앞에서
아들의 손을 꼭 쥔 손에 땀이 배던.

아들아, 지지 말거라.
이 땅에 지지 않고 뿌리내린
조선의 푸른 나무가 되자.

4. 펀치 드렁크 1966

가도 가도 차별의 선(線)이었다.
아버지는 조선 사람,
삼십 년을 살아도 혹은 죽어 지내도

불령선인은 불령선인.
직장도 없고 집도 없이.
복지는 권리 아닌 은전(恩典).

주먹이 닿는 곳까지만이
고향이었다. 집이었다.
어두운 골목길을 쫓는 일본 원숭이.
협객의 강철 같은 마음을 지녀
조선 호랑이 등에 도사린 괴물이 되자.

야쿠자는 여덟 끗, 아홉 끗, 세 끗.
조악한 혼혈의 어두운 배역이었다.
사미센을 울려라, 아가씨여.
오늘은 조선 노래를 부르련다.
팔려온 조선의 딸을 위해서라면
모두 다 나와라, 나는 조선 호랑이.
영원한 이국의 거리에 비가 내린다.
판다곰이 된 얼굴에도,
세 끗 인생에도 비가 내린다.
은전처럼, 천황의 은전처럼.

내 아들이, 딸이 '재일(在日)'을 살고자 할까.
차라리 귀화가 낫지 않나.

'재일'을 산다는 것은
여기서 오래 살았다는 게 아니지 않나.
역사는 누구의 탓이라고 할까.
어디선가 멀리 아리랑 부르는 누이의 목청,
조선말이 벌써 낯설어, 낯설어.
'재일'은 이중의 고아.

5. 사 분의 일의 혈맥 1980

아버지는 이 분의 일의 일본인
나는 사 분의 일의 잡종.
지문 날인을 하고 돌아와
만인평등의 이치를 적은 책을 찢다!
원숭이처럼 끌려나가 잃어버린 손의 무늬.

검은 치마저고리를 입은
조총련의 여자아이를 괴롭히지 마라.
나는 조선인도 일본인도 아닌 잡종,
잡스러운 피의 거친 주먹이 운다.

쌍, 소리를 하면
받은 주먹을 돌려줄 준비를 한다.

할아버지는 평안도 사람.
아버지는 야쿠자.
나는 그보다 강한 잡종.

조총련의 쬐그만 여자 아이가 부르는 〈임진강〉
울음 섞인 큰 소리로 부르는 〈임진강〉
임진강 맑은 물은 흘러 흘러내리고,
물새들은 자유로이 넘나들며 날으건만……

피를 본 주먹이 울음을 그친다.
보지 못한 임진강에서 눈물이 솟는다.
이 계집애야, 그 노래를 다시 불러주렴.
나는 잡종. 임진강은 내 혈로를 흐르는 노래.
뜻도 모르고 흐르는 노래.

쌍, 소리를 하면
받은 주먹을 돌려줄 준비를 한다.
할아버지는 평안도 사람.
아버지는 야쿠자.
나는 그보다 강한 잡종.

용산, 영도(零度)

용산 사 구역에 내리는 눈은 쌓이지 않았다.
짓물러, 철거당한 노파의 탁한 눈이었다.
법은 지켜져야 했다고 하는 사람도 있었다.
악법도 법이라고도 했다.
용산에 대한 넋두리는 아직 시작되지 않았다.

문을 열자 검은 화상이었다.
그을린 비명은 부서진 복도였다.
녹취 테이프에서 목소리 너머
발설되지 않은 저열함이 들렸다.
(지금녹음되고있습니까?)

다시 문을 열자 화염병 안이었다.
시너 냄새는 갈 곳 없는 가난이었다.
개발자들은 어둠을 어둠 속으로 밀어붙이려고 했다.
어둠에 불이 들어오지 않는 것은 고금(古今)이 같았다.
숨 쉬기 위해 분신(焚身)으로 던져 알렸지만 죽음으로 돌아왔다.

너나없이 뉴타운을 부르짖었다.
쾌적한 전망이 불행과 설움과 이웃을 쓸어내는 동안
치부(致富)와 치적(治積)은 자서전을 쓰고 있었다.
불법 점거와 과격 시위 풍토에 컨테이너가

선물로 도착했다. 나락이 들어 있었다.

다시 문을 열자 나락이었다.
육법전서는 나락을 강요하고 있었다.
물론 육법전서는 언제나 불완전함을 시인(是認)한다.
그러나 인간의 선(善)의지가 함께 있지 않다면
단지 불완전함일까.

피어싱
— mugan.com

폭설이 더끔더끔 내려앉는다.
천국으로 가는 무한대의 흰 시간이
어둠 속에서 자욱하다.
고가철도 아래를 미끄러질 듯 위태하게
초라한 사내가 지나간다.
난방장치가 돌기를 멈춘 방에서
페인5호는 하늘의 강림을 덤덤히 지키고 있는
황량한 네온등을 내려다본다.
mugan.com에 딸기소녀가 입장한다.
아빠는외로워가 입장한다.
시쓰는치욕이 입장한다.
페인5호는 이미 입장해 있다.
: 지구는국경이지워지느라고눈보라가지천이네요.
: 보이는국경만이지워지고있는걸요. 전언제나외로워요.
: 이런시대에시쓰는건부끄러운일이죠.
언어에 대한 (우리)의 자세는 항상 추상적이다.
특별한 언어를 꿈꾸지만 번번이 퇴폐적이다.
짐짓 궁상을 자존으로 승화하는 듯하지만
(우리)는 확실히 못 견디고 있다.
: 술만마시면그녀에게전활해요.
딸기소녀가 입술에 피어싱 하는 모습이
컴퓨터 화상 너머로 보인다.
아빠는외로워가 등을 보이며 냉장고 속으로 퇴장한다.

시쓰는치욕의 팔이 점점 길어져
자기 몸을 칭칭 감더니
빛나는 바늘이 젖꼭지를 뚫고 있다.
쇠꼬챙이가 몸을 뚫는 무간지옥의 고통으로도
(우리)는 이 미묘한 치욕감을 잊을 수 없다.
(우리)에게는 이 고비를 넘는 사상이 없다.
바깥엔 눈보라가 재앙으로 휘날리고
mugan.com의 검고 막막한 길 위로는
은빛 피어싱의 별들이 흐른다.
그 길을 따라 구멍 난 폐인5호가
숙성된 치욕을 둘러메고 허위허위 간다.
무릎이 빠지는 어둠이 찰방대면서
길을 지우는 몸 없는 유희.
……무시간계의 늪이다.
비강을 몰아치는 쇠 냄새가 나면
난방도 안 되는 방에서
조난된 생활이 이불을 뒤집어쓴다.

휘발하는 얼굴

검은 외투가 구멍 난 주머니에
휘발하는 하늘을 불어넣고 있었다.
빛 부스러기들을 담고 있었다.
입면(入眠)과 각성이 번갈아가며 찾아오고
네 개쯤의 내가 저문 길 위에서 점멸하고 있었다.
우리는 동시에 깨어나기도 하고
누군가 먼저 일어나 다른 누군가를 내려다보기도 했다.
리버 피닉스* 같은 것이라고—
〈아이다호〉에 나오는 리버 피닉스 같은 것이라고
우리들 중 누군가는 주장했고
또 누군가는 그게 누군지 모르겠다고 울었다.
녹아내리는 얼굴,
우리는 용해되고 있는 얼굴을 추스르고 있었다.
얼굴에 자꾸 함몰이 생겼다가 다시 사라지곤 했다.
길 위에 우리는 서 있었다.
텔레비전이 쌓인 진열창 앞에서
우리는 스캔들에 휘말린 전직 대통령의 얼굴 위에
우리의 얼굴을 멍하니 겹쳐 보고 있었다.
피부 위로 그날의 뉴스가 솟아오르는
우리들의 지병(持病),
우리들 중 누군가는 가렵다고 웃었고
또다른 누군가는 피부를 쥐어뜯었다.
피부를 도려내 뭉개지지 않는 북소리를

새겨넣어야 한다고 주장한 것은
얼굴 위의 모자였다.
우리는 모든 원대한 꿈들이
부조리극의 포스터 속으로 사라지는
소극장들의 골목을 헤매고 있었다.
얼굴 주머니에서 하늘과 빛 부스러기 몇 개
휘발해가고, 모자와 외투는 젖어갔다.
노곤했고, 왠지 목욕물에 몸을 담그고 싶었다.

* 미국의 영화배우. 〈아이다호〉(1991)에서 기면증을 앓는 역할을 맡았다. 약물 과다 복용으로 요절했다.

연(蓮)

연꽃 위의 남자는 떠나버렸다.

세계의 모든 골목에 비가 내렸다.
이제부터 전적으로 부식(腐蝕)의 계절이야,
라고 길고양이가 뇌까렸다.
한쪽 눈에 자연이 허문 흔적이 있었다.

눅눅한 이부자리를 지고 앓는 나날들엔
캄캄한 귀에 세계의 신음만 타는 듯 흘러들었다.
신음은 비의 혼음(混淫)으로 대지에 얼룩을 남겼다.
신이 투박한 손으로 세계의 볼륨을 낮추자
방에 균사(菌絲) 모양의 묵음이 번졌다.

질문은 은화식물처럼 자라났지만
대답은 벽 속으로 들어가 나오지 않았다.
일상은 〈골드베르크 변주곡〉*으로 평화로웠다.
위정자들이 등장하는 환등기에 이어진 하늘은
돌 속을 나는 듯 답답했고
누군가는 검은 입에서 열리는
내일의 열매에 대해 말했다.
거울 안의 컨베이어벨트를 타고 살해된
자살자들이 지옥으로 밀려갔다.

세계의 모든 골목에 비가 내렸다.
길고양이는 꽃그늘에서 풍찬노숙의 시절을 응시하고 있었다.
그는 종종 아무 의미 없이
기댈 것은 꽃그늘뿐이라고 지껄였고
나는 그 깊은 그늘의 진공에서
무엇이라도 잡아내려고 조급했다.

거리에는 시위 행렬의 파고(波高)를 불꽃이 넘실대고 있었다.
시리우스의 벽을 꿰뚫는 백색 눈이
눈꺼풀도 없이 개화(開花)했다.
소음이 낭자한 환시(幻視)가 빗속에서 날개를 폈다.
대도시가 허락하지 않는 피난처가 열렸다.
대도시의 부비트랩에서 태엽 감은 절망이 뛰쳐나왔다.
대도시는 표류했고 대도시는 아직 도착하지 않았다.
전전긍긍하던 당국은 그럭저럭 넘어갔다.
텔레비전 위를 벌레가 지나가자 쇳가루가 피었다.
신문 위를 벌레가 지나가자 쇳가루가 피었다.

기댈 것은……

심원한 하늘에 연좌(蓮座)가 떠 있었다.

— 허물어진 자리는 허물어진 대로였다.
연꽃 위의 남자는 돌아오지 않았지만
흰 눈썹의 하늘을—
연꽃이 입술을 열자 구원(久遠)한 빛이.

* 바흐의 하프시코드 곡집에서.

시이나 링고

당신은 존재를 토함으로써 한 음(音)을 얻습니다.
시이나 링고*는 시이나 링고를 토해야 합니다.
성대가 타버리거나 존재가 파멸할 때까지
삶은 무딘 송곳으로 우리를 꿰뚫고자 할 것입니다.
눈에 헛거미가 잡힐 때까지 목청을 단련해야겠지요.
저는 저의 몽당연필로 겁(劫)의 파지를 내겠습니다.
피 흘리는 글씨가 절벽을 내놓을 때면
우리 그날엔 천국을 구걸하지 맙시다.
그러나 곱게 가지는 말고
절망에게 복수하고 갑시다.
비명의 프렐류드를 바람에 섞어두고
가장 지독하게 더러운 재가 되어
마구 흩날립시다.

* 일본의 록 밴드 '도쿄지헨'의 보컬. 싱어송라이터. 대표곡으로 〈본능〉 〈의식〉 〈착란〉 〈이 세상의 끝〉 등 다수가 있다.

해설

오늘도 우리는 '우주의 선물'을 받으며
김미정(문학평론가)

잔존자(殘存者)들

초록빛으로 넘실대는 보리밭이 있다. 공중에서는 한 줌의 섬광이 번쩍했다가 사라진다. 그 자리에 누군가가 쓰러져 있다. 그는 눈을 뜨고 일어나 보리밭을 가로지르기 시작한다. 그는 외계로부터의 메신저라기보다는 낯선 곳에 유기된(유배된) 잔존자로 보인다. 움직임은 필사적이지만 고단해 보인다. 어디로 가려는지 왜 가려는지는 알 수 없다. 그러나 그가 발을 떼고 가는 곳마다 흔적이 남을 것이고, 길이 될 것임은 분명하다. 미확인 비행물체(UFO)의 존재를 떠올린 이들은 이 "쓰러진 자의 화인(火印)"을 두고 "크롭 서클"이라고 했을 터이다. 그리고 그것이 무슨 메시지인지 궁금해할 것이다. 그러나 지금 여기에서는 의미는커녕 그 모양새에 대해서도 알 수가 없다. UFO는 일찌감치 사라져버렸다. 그저 이 외로운 잔존자만 남아 있다. 그의 "불굴(不屈)이 넘실"댈 뿐이다. 간혹 바람이 분다면, 그때마다 그가 토해놓은 언어들만 "초록빛으로 이글"거릴 것이다.

장이지의 시 「Crop Circle」이야기다. 여기에서 이 잔존자는 "대원A"라고 불린다. 그는 한때 누군가로부터 어떤 임무를 부여받은 이였는지도 모른다. 그것은 "대원A"라는 명명에 흔적으로만 남아 있다. 그러나 그는 지금 어떤 지침도 신분증도 무기도 나침반도 지도도 갖고 있는 것 같지는 않다. 그저 간신히 눈을 뜨고 일어나서 어딘가를 향해 발을 떼고 있을 뿐이다. 그가 나아간 흔적을, 이 시에 쓰여진 대로 "초록의 **경전**"(강조는 인용자)과 등가로 놓는 한, 이 이야기는 한 시인의 자기지시적 시쓰기를 함축하는 것처럼 보인다. 우주선은 떠나갔다. 우주선과 '나' 사이의 관계도, 스스로의 출신도 기원도, 현재 상황의 이유도, 가야 할 방향도 알지 못한다. 그러나 어찌되었든 몸을 일으켜 나아가야 한다!

그렇다면 한편 이것은 어쩌면 일개 잔존자의 이야기가 아니라, 무수한 보리밭에서 깨어난 또다른 무수한 잔존자'들'의 이야기일지도 모른다. 이런 사태를 '첫 기억'으로 갖는 이들의 세계인지도 모른다. 그리하여 어떤 세대의 태생적 조건 혹은 글쓰기의 기원을 암시하는 알레고리로 읽을 수도 있을 것이다. 이 시인이 왜 '불상'이나 "피겨(피규어/figure)" 어느 한쪽이 아니라 "불상(佛像)처럼 생긴 피겨(figure)"(「연꽃 프로젝트」)를, 또는 왜 '햇빛'이 아니라 "3D의 일광"(「조상(彫像)」)과 같은 언어의 조합을 선호하는지 주목한다면, 이것은 과장된 독해가 아니다. 한 발씩 움직여보면서 그 몸짓으로 간신히 자신이 어디쯤에 잠시 머무르고 있는지 가늠하는 시인의 감각에 대한 이야기인 것이다.

부재를 견디는 방법 - 의지의 낙관주의

그러나 이렇듯 「Crop Circle」에서 '보리밭, 대원A, UFO' 등의 말들이 만들어내는 내러티브를, 자기지시적 시쓰기의 비유로만 협소화하고 싶지는 않다. 이 이야기를 또다른 시의 어떤 대목들과 나란히 놓아본다. 가령 다음 대목이 드러내고 있는 세계를 보자. 이것은 어떤 '부재'를 견뎌내는 방법에 대한 이야기이기도 하다.「Crop Circle」의 잔존자, UFO가 떨어뜨리고 간 "대원A"들의 후일담이라고 해도 좋겠다.

  (중략)
  지구의 마지막 잔존자들은
  저물녘 연꽃의 입술 아래에서 가난한 마음을 여민다.
  신은 오늘도 못 오신다는 전언과 함께
  칠보자개의 저녁 하늘을 보내시고……
  (중략)
  세계의 바깥에서 들려오는 신의 자장가를
  지구의 잔존자들은
  몸 전체가 조리 모양의 귀가 되어 듣는다.
  그게 아니라면……
  세계의 바깥이 없는 것이라면……
  산천이 끊어질 듯 울어도
  그 눈물 닦아줄 손 없을까봐.
  지리멸렬의 시간을
  별빛은, 멀고 적요한 데서 날아와 반짝이고.
  —「구원(久遠)·12-세계의 바깥」부분

그러니까 이 세계는 부재를 견디는 "잔존자들"의 세계다. 신(으로 표상되는 일체의 것들을 포함하여)이 약속한 가나안을 믿고 기다리는 무구(無垢)한 백성들의 세계다. 여기에서 신은 모습을 드러내지 않은 채 "칠보자개의 저녁 하늘" 같은 현상(흔적)으로만 자신의 부재를 은폐·유보한다. 언제부턴가 인간은 이미 유기되고 방치되어 있지만(혹은 지금 시대가 그러하듯, 자유로워졌지만?!), 신이 언젠가 다시 오시리라는 믿음을 포기하지 않는 세계다(이것을 의사(疑似)믿음이라고 해도 좋다). 이것은 "당신에게로 갈 계단을 잃어/ 망가지려는" 세계이자, "갈라진 꿈"(「당신의 방」)의 세계다. "도처에 있었"던 그러나 지금은 "아무데도 없"는 "그녀"의 부재를 깨닫는 세계(「초콜릿 파인애플 SunSet Swish」)이기도 하다. 잔존자들에게 이 부재의 확인과 막연한 기다림은 고단하다. 세속의 시간은 "지리멸렬"하다. 때때로 이 부재의 확인, 상실감으로 인해 그 긴장이 깨어지는 순간도 있다. 그때 이 시인은 삶을 "괴저의 시간", "무용한 삶"(「구원(久遠)·11-괴저의 시간) 혹은 "무간지옥"(「피어싱-mugan.com」)이라고 쓰기도 했다.

 그러나 미리 밝혀두지만, 이 세계의 핵심은 이 부재와 상실감 자체에 있지 않다. 그로 인한 비관이나 허무감은 부차적이다. 삶이란 일종의 부재를 견디는 과정이라는 인식·비관에도 불구하고, 의지의 낙관에 대해서는 좀처럼 양보하지 않는 세계다. 오히려 "절망에게 복수하고" 가겠다고 결연하게 입성을 추스르는 세계다. 다음 인용의 '비장함'은 이 시인에게 퍽 드문 것인데, 그조차도 흐트러짐 없이 단정하고 그렇기에 이 세계의 염결성은 더욱 부각된다.

> 저는 저의 몽당연필로 겁(劫)의 파지를 내겠습니다.
> 피 흘리는 글씨가 절벽을 내놓을 때면
> 우리 그날엔 천국을 구걸하지 맙시다.
> 그러나 곱게 가지는 말고
> 절망에게 복수하고 갑시다.
> 비명의 프렐류드를 바람에 섞어두고
> 가장 지독하게 더러운 재가 되어
> 마구 흩날립시다.
> ―「시이나 링고」 부분

이것은 노스탤지어의 회고조가 아니다

따라서 부재와 상실감의 관계 속에서 연상되곤 하는 예의 그 멜랑콜리는 『연꽃의 입술』 속에서 아주 희미하고 드물다. 그랬다. 적어도 이 시인의 전작 『안국동울음상점』(2007)에는 그런 것을 이야기할 계제가 분명해 보였다. 그러나 『연꽃의 입술』은 부재와 상실감을, 한 시적 화자의 개인적 정서로 환원시키지 않으려 거리를 두고 있다. 그 정서가 자기 안으로 협소하게 수렴하는 것을 배제하는 제스처를 취한다. 멜랑콜리를 자아내는 메커니즘은 다소 강박적(의도적)으로 컨트롤되고 있다. 강조하거니와 이것은 이 시인이 '나' 개인을 넘는 규모의 제재를 빈번하게 다루고 있는 것(특히 3,4부)과도 전혀 무관하지 않을 것이다.

즉, 여기에 '텅 빈 무엇(잃어버린 것, 훼손된 것, 사라진 것)'은 있되, 그 상실감은 최소한으로만 유지되고 있다. 알려져 있듯 상실감을 극복하지 못해, 혹은 상실을 가장하고 유지하는 과정에서 멜랑콜리가 발생한다. 그리고 우리가 알아온 무수한 예술가들이 그 상실감을 극복하지 못하는(않는) 과정 속에서 멜랑콜리의 정서를 유지했고, 그것을 통해 예술을 구동하곤 했다. 삶을 담보 삼아, 심지어 파탄 내면서까지 시·예술을 성취하려 한 그들의 이름은 얼마나 많았던가. 그들에게 '생활'이란 종종 스스로들의 이상(理想)과 적대적이었다. 빈곤과 질병과 실연과 불행을 자청하면서 세계와의 불화를 유지하고 정신승리법으로 그것을 승화시켜야만 하는 것이곤 했다. 이런 자기파괴를 역설적 동력으로 삼아 세상에 무언가를 남긴다는 것. 이것을 타락론이라고 말해도 된다면, 이 시집은 아주 분명하게 과거의 그들과는 선을 긋는 세계다. 이 시인에게 "시란 제일로 모질어야"(「하늘을 보렴」) 쓸 수 있는 것이다. 그에게 시(예술)와 삶은 서로를 배척하지 않고 맞붙어 있다. 세계가 설혹 "괴저의 시간", "무용한 삶"(「구원(久遠)·11-괴저의 시간) 혹은 "무간지옥"(「피어싱-mugan.com」) 같은 곳이라 해도, 결코 비극적 추수로 마무리되지 않는 것은 이런 맥락에서 강조되어야 마땅하다.

물론, "마분지풍"(2부 제목이기도 한)으로 대변되는 이 시집의 제재들은, 대개 지금은 사라지거나 소멸된 것들이므로, 일견 멜랑콜리가 발생할 조건처럼 보이기도 한다. 그러나 중요한 것은 그것이 결코 과거에 대한 향수나 복고주의로 귀결되지는 않는다는 점이다.

즉, 이 세계에서 사라져간 것들, 지나간 시간들은 결코 행복하게 합일되고 완벽한 상태로 상정되어 있지 않다. 사라짐, 소멸에 대한 연민과 안타까움의 정서 자체를 억지로 숨기지는 않지만, 그것이 어떤 특정 시간대에 대한 개인적 추억과 정서로만 환원되지 않는다는 말이다. '좋았던 옛 시절' 같은 노스탤지어의 회고조와는 거리를 둔 세계라는 말이다.

이 세계가 가능한 것은 이 시집에 나오는 이질적인 화자들이나 제재들을 통해서도 확인할 수 있다. 이 시집의 잔존자들은 "수천억 개의 우주", "수천억의 행인들" 사이에서 쏟아져나오는 "수없는" "나"들(「구원(久遠)·10-시간」)이기도 하다. 말할 것도 없이, 통념상의 시·예술은 한 개인이 어떤 경험이나 정서의 독점적 소유를 주장할 수 있는 것이었다. 그러나 장이지 시 세계에는 내 안의 타자들의 흔적에 대한 직접적인 고백이 있다. 이런 의미에서, 이 세계가 조숙한 미성년 화자들, 대중매체 속의 사랑스러운 주인공들, 역사책에서 사건의 한 줄로만 남은 이들(예를 들어 식민지 시절 강제 동원된 이들, 전쟁이 만든 이산가족들)을 다루고 있는 것은 눈여겨볼 필요가 있다. 혹자에 따라 이 제재의 이질감은 당혹스러울지도 모르겠다. 이 시인은 시적 주체인 '나'를 텍스트의 외곽으로 떠밀면서 대상(세계)과 나의 위치를 재조정하려고 애쓰고 있기 때문이다. 특히 그것이 동시대 많은 시들이 망각하곤 하는 시간 감각(역사) 혹은 소위 사회적 상상력을 통해 구현되고있기 때문이다. 말하자면 그의 세계는 문학을 통해 공동체 단위의 기억이나 경험 등을 환기하는 것이 이제는 너무도 낯설게 되어버린 것을 강하게 환기시킨다.

동시대 시의 결락을 보충하는 장면 - 공모된 '우리' 속의 '나'

앞서 당혹감이라고 표현했다. 이것은 물론 해명이 필요한 말이다. 이 당혹감은 낯섦에서 비롯되는 것일진대, 이 시집에서의 '낯섦'은 '새로움'과는 다른 의미에서의 낯섦이기 때문이다. 즉, 동시대 많은 시들의 '낯섦'이 '새로움'과 등가였다면, 이 시집에서의 낯섦은, 지금은 집단망각되어간 것, 그러나 '(한때는) 너무도 익숙했던 것'이 다시 상기되는 데에서 연유하는 '낯섦'이다.

 구멍 뚫린 천장으로 하늘의 별이 떨어지고
 남자들의 전쟁이 끝나고

역사가 불태워지자
　　아지랑이가 되었다, 몸이,
　　엉겅퀴 달이는 냄새가 아직도 나는데
　　용서할 권리마저 없이
　　아지랑이가 되었다.

　　이곳이 어딘지도 모르는데,
　　다다미방에 이불이 한 채.
　　무너진 천장으로 쏟아지는 별빛에도
　　몸살이 날 것 같은데,
　　여기는 어디인가.
　　내 이름은 무엇인가.
　　당신이라면
　　모든 것을 말해줄 수도 있지 않을까.
　　당신이라면.
　　—「'좀뻬'의 여인들-종군위안부의 넋이 '당신'에게」 부분

　이제는 공식 역사에 기록되어 건조한 단어가 되어버린 '위안부'에 대한 시다. 화자는 낯선 곳에 떠밀려 생을 유린당했고, 자기가 누군지 왜 이곳에 있어야 하는지 자문하고 있다. 무수한 그녀'들'은 먼 훗날 '위안부'라는 이름으로 재소환되었을 것이고, 역사책 속에 그 한 단어로 뭉뚱그려져 기입되었을 것이다. 공식 역사 속에서 '위안부'라는 단어로 기록

되고 추모됨과 동시에, 그녀들의 구체적인 삶은 아이러니컬하게도 망각될 명분을 얻게 되었을 것이다. 그러나 이 시에서 화자는 '위안부'가 아니라 '좀뻬'라는 것을 기억해두자. 무수한 그녀들이 아니라 단 한 명의 '그녀'라는 것도 기억해두자. 이것은 기록된 '역사'가 아니라 '시'이기 때문이다.

  시집의 3부 "하늘을 보렴"과 4부 "재(灰)의 노래"는 종군위안부, 용정촌, 식민지 시절 강제 동원된 조선인들, 재일조선인 잔류자와 그 후손들, 전쟁 통에 이산가족이 된 사람들, 용산 참사 등을 다루는 데 적잖은 부분을 할애한다. 이것은 이 시집이 의도하는 자리를 보여주기에 충분하다. 이 시들은 시적 주체로서의 '나'를 원경화(遠景化)하면서 대상을 향해 온전히 육박하고자 한다. 그러나 이것은 동시대 다른 시들에서 볼 수 있던 몰주체적 화자를 의미하지 않는다. 그보다는 '공모된 세계' 속에서의 '나'들, 혹은 '우리'라는 보편 속에서의 개별자들을 환기시킨다. 이 시에서 화자와 시인은 가장 배리되어 있으면서, 동시에 역설적이게도 이 시집의 다른 어떤 시에서보다 일치하고 있다. 이 시의 화자는 죽은 넋에 접신하면서, 일종의 진혼행위를 하는 셈이기 때문이다.

  위로하는 데 필요한 것은 이해가 아니라 공감이다. 역사책을 비롯한 무수한 글들이 그들을 이해하고자 해왔다면, 이 시인의 시들은 먼저 그들에게 공감하고자 한다. 이 시집 전체에서 '위로'의 시쓰기라는 가치를 읽어내는 것은 중요

한데 특히 3, 4부의 시들은 위로와 공감의 메커니즘을 명백히 보여준다. 강조하지만 '위로'란 이해가 아니라 공감의 산물이다. 공감은 타인에게 닿았다가 다시 자기에게로 회수되어야 가능한 작업이다. 이것은 단순히 '타인을 이해한다, 타인을 연민한다'와 같이 '타인'이라는 말에 안위하면서만은 결코 성립할 수 없다. 공감이란 반드시 타인에게 도달시킨 정서를 자기와 유비시키며, 자기 안으로 회수하고 동일화시켜야만 완성되는 정서다. 이렇듯, 공감과 위로를 '아이덴티파이'하는 작용으로 이해할 때, 당혹감을 안긴 이 시집의 이질적인 구성은 오히려 동시대 시의 어떤 결락을 보충하는 장면으로 바뀌어 이해된다.

"민족이란 말도 요새는 없다는데"(「어떤 귀소(歸巢)」), "역사가 불태워지자/ 아지랑이가 되"어버린(「'좀삐'의 여인들-종군위안부의 넋이 '당신'에게」)과 같은 구절에서 다시금 확인하게 되는 것은, 언젠가부터 우리가 겪고 있는 사태들에 대한 시인의 민감함이다. 이 시인은 민족이나 역사와 같은 말로 표상되어온 '대문자 역사'가 몰락했다는 풍문을 의식하고 있음이 분명하다. 그의 시쓰기란, 시절이 바뀌고 가치들이 자리바꿈해간 이래로 우리가 겪어온 사태들로부터 자유롭지 않아 보인다. 이 시집은 '나'라는 단 하나의 개별적 화자가 독점적으로 주장할 수만은 없는 것들의 세계다. '우리'라는 대명사의 잊혀진 상징성을 떠올리게 하는 세계다. 그러니까 각자가 개별적으로 존재하지 않고 서로 공모된 세계다. 이 시집에서 다루어진 제재 중 하나가 가령 역사라면, 그것은 단지 제재로서의 역사가 아니라, 한때는 실재했고 필연이었으나 이제는 부재하는 듯 되어버린 모든 존재들을 의미한다. 추상적인 부재가 아니라, 발밑에 실재하는 구체적이면서 보편적인 부재/흔적에 대한 것이다.

수몰선 아래에는 무엇이 있을까

 결국, 다시 '부재'에 관한 이야기다. 사라지고 소멸하는 것들은 언제나 시간의 단락(段落) 속에 놓인다. 물론, 삶은 그 단락들의 연속이다. 그런 의미에서 다음 시는 시간의 단락들이 만들어내는 삶들을 떠올리게 하며, 구체적으로 우리 발밑에 묻혀 있는 부재/흔적을 증거하기도 한다.

> 산협(山峽)의 도시가 폐허로 드러난다.
> 교육청 건물이 발파로 무너진다.
> 허물어진 허공이 잠시 걸려 있다.
> (중략)
> 새벽에 노인이 산에서 내려와 폐허로 사라진다.
> 젊은이들은 노인처럼 말한다.
> 작금의 현실은 우리와 맞지 않는다고.
> 우리는 수몰선 아래의 것들을 그리워한다고.
> 누구나 소싯적 생각에 잠시 흐뭇할 수 있다.

담배와 술과 차(茶)와 사탕만 있다면
가족이 평안하다고 중국인들은 말한다.
수몰 예정 지구에 비가 온다.
허물어진 자리가 관절염처럼 욱신댄다.
언제까지고 우리는 자연에 민폐를 끼치며 산다.
작금의 현실은 우리와 맞지 않지만.
우리는 사라지는 것들을 그리워하지만.
사람들은 사라지는 것들을 허물며 산다지만.
육수를 흘리며 고깃덩이 같은 삶도
조금씩 졸아붙겠지만.
―「수몰 지구 ― 지아장커 영화 〈Still Life〉에 부쳐」 부분

 이 시는 (영화가 매개가 되었을지라도) 발파되는 (재)개발의 현장에서 취재되었다. 이 시에서 화자의 시선은 줄곧 사라지고 허물어지는 것들에 놓여 있다. 그러나 앞서 '부재'를 다루는 방식에서처럼, 이 시인은 '폐허' 그 자체를 이야기하지 않는다. 한 도시가 무너지고 있지만, 그게 전부가 아니다. 지금 이곳에는 비가 내리고 있다. 물은 모든 것을 잠기게 한다. 표면적으로 보이는 그 자리는 사라지고 다른 무엇이 새롭게 들어서겠지만, 폐허(즉 과거의 흔적)는 수몰선 아래에 내내 잠겨 있을 것(「초콜릿 파인애플 SunSet Swish」)이다. 감각적으로 실감되지는 않을지언정 흔적으로는 분명 남게 될 것이다. 수몰 지구의 아래에는 폐허가 있

다. 그리고 그 위에는 새롭고 나아진(나아졌다고 믿는) 무엇이 들어설 것이다. 그 동시성을 지금 기억해두자. 즉 이 시인이 보고 있는 것은 단지 폐허(소멸)라든지, 새것(생성)이라든지 하는 일면적 사실이 아니다. 그는, 보이는 것과 보이지 않는 것, 지나간 것과 도래할 것이 공존하는 세계의 불가피함을 이야기하고 있다.

따라서 이 시는 '도시VS자연', '현재VS과거', '새로움VS익숙함' 식의 이분법과 그것을 둘러싼 관습적 도덕률(두 대립항들을 가치의 우열관계로 보는 시선)에서 비껴 서 있다. 화자는 모든 사라지는 것들에 마음을 두고 있지만, 그 사라짐 자체가 아니라, 사라짐(소멸)이 생성과 동시에 존재하고 있다는 것을 사유한다. 이것은 불가항력적인 자연의 법칙이며, 결국 우리에게 '시간'의 문제를 일깨운다. 그래서일까. 이를테면 화자는 마음이 아프다고 하지 않고, '관절'이 아프다고 말한다. 또다른 시에는 "죽은 나무가" 역설적이게도 "태허(太虛)를 받치고" 있는(「구원(久遠)·1-적막」) 장면도 있다. 생성의 시간(태허)과 소멸의 시간(죽은 나무)을 분리시키지 않는 사유. 이때의 시간들은 단속적(斷續的)이면서 동시에 원환적(圓環的)이다. 과거와 현재와 미래는 결코 서로를 배제하지 않는다. 하나의 장소 안에서 모든 시간이 융화·공존하고 있다는 사유인 것이다.

또한 화자는, 모든 것은 사라지고 허물어지지만 "언제까지고 우리는 자연에 민폐를 끼치며" 살 것이라는 명제를 부정하지는 않는다(마지막 6행을 유심히 보자). 이것은 사라지는 모든 것은 아름답고 안타깝다는 식의 감상이 아니라, 모든 것은 우리의 바람과 의지 여하에 상관없이 변하고 사라질 수밖에 없어왔다는, 명백한 '인식'의 소산이다. 강조하거니와 이런 소멸과 훼손을 보는 시선은 곧 개개인의 감정의 영역을 넘어선다. 냉정한 현실인식으로서의 '시간'에 속하는 문제인 것이다.

안타깝게도 이럴 때 시간은 폭력적이다. 3부의 시들이 유독 그러한 편이지만, "수몰선 아래"에는 유년의 추억, 지금은 없는 동대문구장, 편의점에 밀린 구멍가게 등등이 수몰되어 있다. 한때는 "도처에 있던 그녀"들이었지만, 지금은 "아무 데도 없"다(「초콜릿 파인애플 SunSet Swish」). 이것은 우리 시대의 매트릭스였던 모더니티에 대한 이야기일 수도 있다. 미래의 시간은 더 나아질 것이라고 믿어온 진보에의 믿음. 그리고 그러한 믿음을 통해서만 유지되어온 모더니티. 그리고 그것이 유효했던 한때 우리의 시대. 그러니까 "수몰 지구의 수몰선"(「초콜릿 파인애플 SunSet Swish」) 아래에는 이 믿음이 만들고 폐기해온 것들이 수장되어 있을 것이다.

오늘도 우리는 '우주의 선물'을 받으며

세속의 시간관으로 보자면 시간은 모든 것을 변화시킨다.

'지금 이 순간'이라고 말함과 동시에 그 '순간'은 이미 지나간 것, 사라진 것이 된다. 이때의 시간에는 오로지 단 하나의 우주, 단 하나의 시작과 끝이 있을 뿐이다. '내일은 오늘보다 조금 더 나아질 것이다. 시간이 흐르면서 우리의 세계와 삶은 조금 더 살 만해질 것이다. 역사 자체가 진보이고 그것은 자유를 향한다. 그리고 이 진보는 필연적인 것이다.' 그렇다. 한 시대의 근간이었던 진보에의 믿음은 이랬다. 그러나 그 진보에의 믿음에 의해 추동된 지난 세기가 아이러니컬하게도 스스로의 믿음을 배반해온 무수한 사례들도 동시에 이야기되어야 한다. 그 어떤 세기보다도 격동(혁명, 전쟁)과 폭력의 소용돌이 속에서 회의될 수밖에 없었던 그런 사정들 말이다. 발전의 이데올로기를 지지해온 모더니티의 시간관은 그 속에 이미 시작과 끝을 전제하고 있었던 것 말이다.

모더니티의 핵심을 피로감에서 알아차린 이는 보들레르였던가. 속도와 발전이 맹신되는 세계 속에서 우리는 이내 피로해진다. 일직선의 시간에 의해 모든 것은 (좋게든 나쁘게든) 갱신되지만, 끊임없는 새로움과 차이를 만들어내어야만 유지되는 세계 속에서 회의되지 않을 도리가 없다. 이때의 선택지는 두 가지다. 피로를 감수하며 모더니티의 시간을 버티기, 혹은 바깥을 상상하기.

그 실재 여부와는 상관없이, 바깥을 상상하는 방법에도 여러 가지가 있을 것이다. 여기에서 이 시인은 시간의 문제 자체를 다시 사유한다. 모더니티의 시간이 훼손시킨 삶, 부재를 견디는 방법을 다시 '시간'으로 돌아가서 구한다. 1부의 '구원(久遠)' 시리즈를 지지하는 방법론은 시간의 선조성을 비트는 것이다. 이것은 과거-현재-미래라는 '선조적' 시간의 축을 허물지 않고는 성립할 수 없는 세계다. 이때 비로소 이제껏 있어왔고 곧 도래할 모든 삶들과 역사는 하나의 지평 위에서 공존할 수 있다. 우주는 단 하나만 존재하는 것이 아니라, 지금의 시간과 동일한 시간을 사는 또다른 우주가 수천 개 수억 개 가능해진다. 뽕나무밭이 사막으로 변하고 다시 산천초목으로 화하는 상전벽해(桑田碧海)의 무한반복(「구원(久遠·1)-적막」)이 새롭게 그 의미를 드러낸다. 구원(久遠)시리즈의 시들에는 원석(原石), 초신성(超新星), 태허(太虛)와 같은 '기원·생성의 장소'가, '죽음·소멸'과 동시에 등장한다. 그리고 그 양자의 의미는 등가적으로 서술된다. 1부의 시들 속에서 시간은 일직선으로 흐르지 않는다. 그것은 어떤 식으로건 공존할 수 없다고 여겨지는 각각의 시간을 서로 증거해준다. "하늘을 향해 두 팔을 벌리고 죽은/ 나무가 태허(太虛)를 받치고 있"(「구원(久遠·1)-적막」)는 식으로 말이다.

그러므로 1부의 '구원(久遠)' 시리즈는 가장 마지막에 읽어야 한다. 궁극적으로는 '구원(救援)'과의 동음이의 관계를 염두에 두면서, 이 시집의 원환적 시간관을 상징하기 때문이다. 그러나 이 구원(救援)에는 '바깥'의 초월적인 존재가 상정되어 있지 않다. 이를테면, 이 시집에 빈번하게 등장하는 '연꽃'을 생각해보자. 이때 꽃이 피는 장소가 중요하다. 연꽃은 '진창'이 아니라면 필 수 없는 꽃, 세상은 온통 '북새통'임에도 불구하고 그 속에서 피어나는 꽃이다. '진창' '북새통'에 방점이 찍혀야 한다는 말이다.

과연, "언제나 운명은 길섶마다 행운을 숨겨놓았"(니체)을 것이다. 그리고 이 시집이 길섶마다 숨겨놓은 '행운'은 가령 이런 식이다.

우리들은 무(無)로 가고 있다.
검은 복도에 아무도 없는 무(無)로 가고 있다.

(검은 복도에 아무도 없는 무(無)의 세계라니! 그러나) 이어지는 대목은 이런 식이다.

진달래꽃 위에 우주가 열린다.
청소년들이 빛 속의 거리를 활보한다.
어디선가 터져나오는 전기기타 소리에
삶의 푸른 맥이 요동친다.
어느 날은 청신한 비도 내리고
도롱이 입은 농부들이 물꼬를 트러 나온다.
탈곡기 돌아가는 소리가 들리고
벼이삭 끝에 맺힌 빗물에 우주가 맺힌다.
도롱뇽 한 마리가 그 아래서

오래된 음악을 듣는다.
그리고 어느 날은 눈부시게 눈이 온다.
백설기 같은 눈이 와서
시장기를 느낀 나머지
뜨거운 우동을 사먹으러 간다.
잠시 구원한 무(無)로의 행진도 잊고
내리는 우주의 선물을
머리로 어깨로 받는다.
(「구원(久遠)·6-우주」, 강조는 인용자)

  이 시인이 구원(久遠)이라는 제목 속에 구원(救援)을 숨기고 있었던 것이라면, 정말로 구원이 가능하다고 믿고 있다면, 게다가 이곳은 신이 버리고 떠난 세계고, 신 없는 구원이라는 것이 만일 가능하다면, 그리고 그것을 감히 자기구원이라고 말해도 된다면, 이런 것이 아닐까? 세상은 온통 슬픈 이야기와 어두운 마음들을 자아내는 "북새통의 거리"(「연꽃 프로젝트」)이지만, 혹은 종종 "비극적이라고"(「다녀왔습니다-한양호일(漢陽好日)·7」) 느껴지곤 하는 인생에서 "태엽 감은 절망이 뛰쳐나"오곤(「연(蓮)」) 하지만, 차라리 그 남루한 일상의 구체적인 편편(片片) 속에서 '우주의 선물'과 만난다는 것. 이것은 기대치 못한, 드라마틱한, 그러나 결코 노골적이거나 부박하게 드러나지 않는 반전에 값한다. 생의 유한함과 주어진 조건들을 가뿐히 건너뛰게 하는 위로의 메시지이기도 하다.

 그때 우리는 '운명애'라는 말을 빌지 않더라도 운명처럼 주어진 모든 것을 사랑할 수 있다. 그 운명은 결정론적인 것, 유한함에 갇혀 있는 것이 아니다. 순간순간의 우연이 만들어내는 필연으로서의 운명을 사랑하기. 그렇다면 부재를 견디는 잔존자들의 생이 나쁘거나 슬프기만 하다고 누가 이야기할 수 있겠는가. "힘을 내세요" "기운 내세요"(「다녀왔습니다-한양호일(漢陽好日)·7」)라는 말에 어찌 동하지 않고 어찌 응답하지 않을 수 있겠는가.

장이지 2000년 『현대문학』 신인추천으로 등단했다. 시집으로 『안국동울음상점』 『라플란드 우체국』 『레몬옐로』, 평론집으로 『환대의 공간』 『콘텐츠의 사회학』 『세계의 끝, 문학』 등이 있다. 김구용시문학상, 오장환문학상을 수상했다. 2018년 현재 제주대학교 국어국문학과 조교수로 재직중이다.

문학동네시인선 011
연꽃의 입술
ⓒ 장이지 2011

1판 1쇄 2011년 11월 30일
1판 3쇄 2018년 11월 8일

지은이 | 장이지
펴낸이 | 염현숙
책임편집 | 김민정
편집 | 정세랑 이수영
디자인 | 수류산방(樹流山房)
본문 디자인 | 유현아
마케팅 | 정민호 박보람 나해진 우상욱
홍보 | 김희숙 김상만 이천희
제작 | 강신은 김동욱 임현식
제작처 | 영신사

펴낸곳 | (주)문학동네
출판등록 | 1993년 10월 22일 제406-2003-000045호
주소 | 10881 경기도 파주시 회동길 210
전자우편 | editor@munhak.com
대표전화 | 031) 955-8888 팩스 | 031) 955-8855
문의전화 | 031) 955-3576(마케팅), 031) 955-1920(편집)
문학동네카페 | http://cafe.naver.com/mhdn
북클럽문학동네 | http://bookclubmunhak.com

ISBN 978-89-546-1617-1 03810
값 | 8,000원

* 이 책의 판권은 지은이와 문학동네에 있습니다. 이 책 내용의 전부 또는 일부를 재사용 하려면 반드시 양측의 서면 동의를 받아야 합니다.
* 이 도서의 국립중앙도서관 출판예정도서목록(CIP)은 서지정보유통지원시스템 홈페이지 (http://seoji.nl.go.kr)와 국가자료공동목록시스템(http://www.nl.go.kr/kolisnet)에서 이용하실 수 있습니다. (CIP 제어번호 : CIP 2011005344)
* 이 시집은 2009년 서울문화재단 문학창작활성화사업기금을 수혜하였습니다.
www.munhak.com

문학동네